Kevin Wick

# Kann Bitcoin als digitaler Wertspeicher mit Gold konkurrieren?

## Die Eigenschaften von Gold und Bitcoin im Vergleich

**Bibliografische Information der Deutschen Nationalbibliothek:**

Die Deutsche Nationalbibliothek verzeichnet diese Publikation in der Deutschen Nationalbibliografie; detaillierte bibliografische Daten sind im Internet über http://dnb.d-nb.de abrufbar.

**Impressum:**

Copyright © Science Factory 2021

Ein Imprint der GRIN Publishing GmbH, München

Druck und Bindung: Books on Demand GmbH, Norderstedt, Germany

Covergestaltung: GRIN Publishing GmbH

# Inhaltsverzeichnis

**Abkürzungsverzeichnis** ................................................................... V

**Abbildungsverzeichnis** .................................................................. VI

**1 Einleitung** ........................................................................................ 1

**2 Wertaufbewahrungsmittel** ........................................................... 3

    2.1 Definition ................................................................................ 3

    2.2 Was eignet sich als Wertaufbewahrungsmittel? ................. 7

**3 Das Edelmetall Gold** .................................................................... 10

    3.1 Geschichtliches über Gold ................................................. 10

    3.2 Eigenschaften von Gold ..................................................... 12

    3.3 Weltweite Goldmenge ........................................................ 15

    3.4 Verwendung von Gold ....................................................... 16

    3.5 Gold als Wertaufbewahrungsmittel .................................. 17

**4 Grundlagen von Bitcoin** .............................................................. 21

    4.1 Die Entstehung von Bitcoin ............................................... 21

    4.2 Blockchain ........................................................................... 23

    4.3 Private Key und Public Key ............................................... 25

    4.4 Mining .................................................................................. 26

    4.5 Hash-Rate und Mining-Schwierigkeit .............................. 27

    4.6 Eine Transaktion mit Bitcoin ............................................. 29

## 5 Bitcoin und seine Eigenschaften ............ 31
### 5.1 Seltenheit ............ 31
### 5.2 Teilbarkeit ............ 31
### 5.3 Transportfähigkeit ............ 32
### 5.4 Fungibilität ............ 33
### 5.5 Fälschungssicherheit ............ 34
### 5.6 Wertbeständigkeit ............ 35

## 6 Bitcoin vs. Gold ............ 38
### 6.1 Vergleich der Eigenschaften ............ 38
### 6.2 Stock to Flow Ratio ............ 43
### 6.3 Volatilität ............ 48

## 7 Umfrage ............ 50
### 7.1 Auswahl der Thematik ............ 50
### 7.2 Methoden der Erhebung ............ 50
### 7.3 Gütekriterien ............ 52
### 7.4 Auswahl der Stichprobe ............ 54
### 7.5 Aufbau der Umfrage ............ 55

## 8 Auswertung ............ 57

## 9 Fazit und Ausblick ............ 69

## Literaturverzeichnis ............ 71

# Abkürzungsverzeichnis

| | |
|---|---|
| Bio. | Billion |
| BIP | Bitcoin Improvement Proposal |
| kg | Kilogramm |
| Mio. | Million |
| Mrd. | Milliarde |
| n. Chr. | nach Christus |
| v. Chr. | vor Christus |

# Abbildungsverzeichnis

Abbildung 1: Handelssystem mit Tauschwirtschaft .................. 4

Abbildung 2: Handelssystem mit Gold als Wertaufbewahrungsmittel ......... 5

Abbildung 3: Weltweites Goldangebot in den Jahren 2010 bis 2019 ........... 16

Abbildung 4: Historischer Goldpreis in US-Dollar ................. 18

Abbildung 5: Goldpreisentwicklung von 2001 bis 21.05.2019 in verschiedenen Währungen ........... 19

Abbildung 6: Vereinfachte Darstellung der Bitcoin-Blockchain ............ 24

Abbildung 7: Vereinfachte Darstellung des Mining-Prozesses ............. 26

Abbildung 8: Darstellung einer Bitcoin-Transaktion ................ 29

Abbildung 9: Logarithmisches Bitcoin-Preisdiagramm ............... 36

Abbildung 10: Prognose der künftigen Goldminenförderung ............ 44

Abbildung 11: Entwicklung der Bitcoin-Gesamtmenge und Block-Belohnung .................. 46

Abbildung 12: Forschungsfragen ............... 55

Abbildung 13: Bekanntheit von Bitcoin bei den Befragten .............. 58

Abbildung 14: Preisprognose der Befragten für Bitcoin .............. 59

Abbildung 15: Skalen der Einstellung zu Bitcoin ................. 60

Abbildung 16: Bereitschaft der Befragten Bitcoin zur Wertaufbewahrung zu nutzen ............... 61

Abbildung 17: Preisprognose der Befragten für Gold ............... 62

Abbildung 18: Bereitschaft der Befragten Gold zur Wertaufbewahrung zu nutzen ............... 63

Abbildung 19: Skalen der Einstellung zu Gold ................. 64

Abbildung 20: Bereitschaft der Befragten (bis 25 Jahre oben, ab 45 Jahre unten) Bitcoin zur Wertaufbewahrung zu nutzen ............ 66

# 1 Einleitung

Die kryptographische Währung Bitcoin hat in den letzten Jahren zunehmend an Aufmerksamkeit gewonnen. Bitcoin wird von Skeptikern häufig als „Modeerscheinung" und von seinen Befürwortern oft als „digitales Gold" betitelt.[1] Im Gegensatz zu Gold, welches seit Jahrtausenden als Zahlungs- und als Wertaufbewahrungsmittel dient, ist Bitcoin erst im Jahr 2008 entstanden. Menschen vertrauen seit Jahrtausenden in physisches Gold als Wertspeicher bzw. Wertaufbewahrungsmittel. In einer zunehmend digitalisierten Welt stellt sich die Frage, ob man in die Kryptowährung Bitcoin vertrauen kann. Und ist es überhaupt möglich, physisches Gold mit Bitcoin zu vergleichen?

In dieser Bachelorarbeit möchte sich der Autor mit der Fragestellung beschäftigen, ob die Kryptowährung Bitcoin als „digitales Gold" bezeichnet werden kann. Hierzu werden grundlegende Eigenschaften von Gold und Bitcoin erläutert und miteinander verglichen.

Am Anfang der Abhandlung definiert und beschreibt der Autor den Begriff Wertaufbewahrungsmittel. Darauffolgend werden grundlegende Fakten über Gold vorgestellt, wichtige Eigenschaften herausgearbeitet und wird dessen Fähigkeit zur Wertaufbewahrung analysiert. Als Nächstes werden die Grundlagen des Bitcoin-Systems erörtert und wird dessen Funktionsweise erklärt. Zudem werden die gleichen Eigenschaften, welche bei Gold analysiert wurden, bei Bitcoin untersucht, um diese darauf miteinander zu vergleichen. Darüber hinaus wird die Erfüllung der Wertaufbewahrungsfunktion sowohl von Gold als auch von Bitcoin betrachtet. Außerdem wird die

---

[1]  Vgl. PICTET Asset Management 2018

## Einleitung

Wertigkeit anhand der Stock to Flow Ratio der beiden Medien bemessen und die Volatilität beider berechnet und miteinander verglichen.

Im empirischen Teil wird eine Onlinebefragung durchgeführt, welche das Interesse, die Einstellung und die Akzeptanz gegenüber Gold und Bitcoin misst. Nach der Befragung werden die Daten ausgewertet und analysiert, um festzustellen, wie die subjektive Einstellung der Befragten gegenüber Gold und Bitcoin ist. Zudem wird die Akzeptanz, Bitcoin und Gold als Wertaufbewahrungsmittel zu nutzen, gemessen. Dies wird ferner unter dem Einbezug von soziodemographischen Faktoren betrachtet.

# 2 Wertaufbewahrungsmittel

## 2.1 Definition

Der Begriff „Wertaufbewahrungsmittel" oder „Wertspeicher" wird in der Literatur sehr häufig in Verbindung mit Geld oder Gold genannt. Eine der drei Funktionen von Geld, neben der Funktion der Recheneinheit und der des Zahlungsmittels, ist die Funktion der Wertaufbewahrung. Im Folgenden soll die Funktion der Wertaufbewahrung anhand von Gold, welches in folgendem Beispiel die heutige Geldfunktion einnimmt, genauer untersucht und definiert werden.

Um dies zu verdeutlichen, ist es notwendig ein Handelssystem, in welchem eine Tauschwirtschaft stattfindet, und ein Handelssystem, in dem eine Währung wie Gold vorliegt, zu vergleichen.

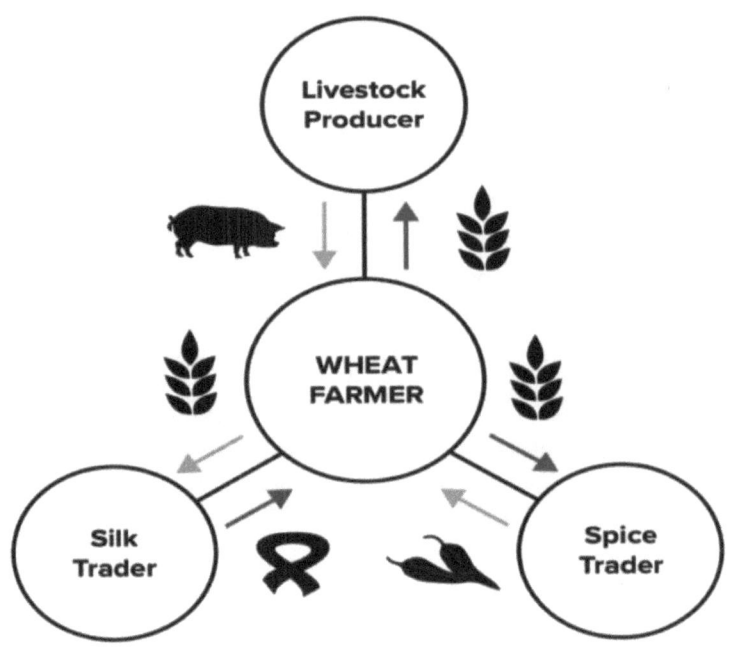

Abbildung 1: Handelssystem mit Tauschwirtschaft[2]

Abbildung 1 zeigt ein Handelssystem, in welchem Tauschwirtschaft betrieben wird. Es handelt sich um ein Handelssystem, in dem vier Marktteilnehmer – der Weizenanbauer, der Seidenhändler, der Gewürzhändler und der Tierproduzent – Tauschhandel betreiben. Bei einer reinen Tauschwirtschaft kommt es zu Einschränkungen beim Handel untereinander. Die grünen Pfeile symbolisieren einen vorhandenen Tauschwunsch und die roten Pfeile eine Ablehnung des Handelsgutes. So möchte der Gewürzhändler seine Gewürze gegen den Weizen des Weizenanbauers tauschen, allerdings hat Letzterer

---

[2] Vgl. Grayscale Investments 2016, S. 2

keine Verwendung für die Gewürze des Gewürzhändlers. Ein Tausch kommt somit nicht zu Stande.

Ein direkter Bedarf der Güter der potenziellen Tauschpartner ist dadurch nicht immer gegeben. Der Gewürzhändler müsste zuerst seine Gewürze gegen die Seide des Seidenhändlers tauschen, um dann diese mit dem Weizenanbauer zu handeln. Da der Gewürzhändler einen geeigneten Tauschpartner suchen muss, entsteht ein Zeitverlust. Eventuell resultiert darüber hinaus auch ein Wertverlust, weil der Tauschpartner kein allzu großes Interesse an dem Gut hat.

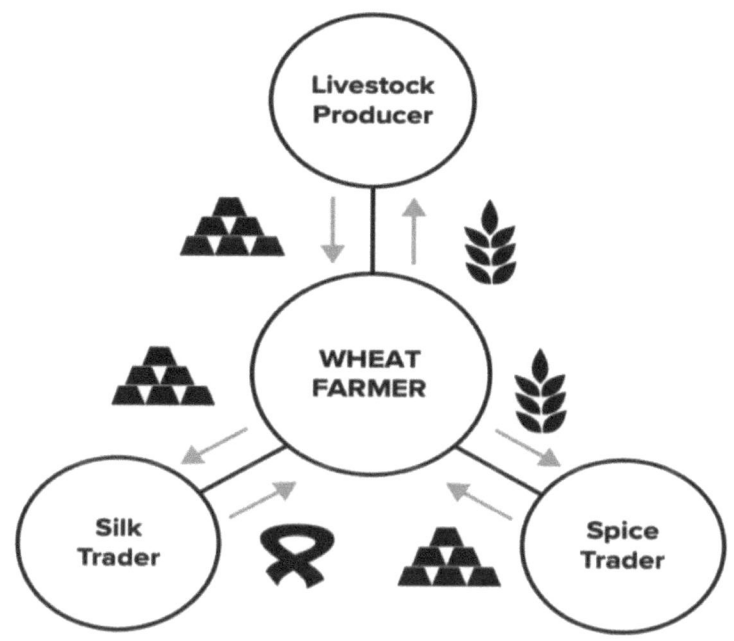

Abbildung 2: Handelssystem mit Gold als Wertaufbewahrungsmittel[3]

---

[3] Vgl. ebd., S. 3

Abbildung 2 zeigt ein Handelssystem mit Gold als Wertaufbewahrungsmittel. Durch Nutzung von Gold als akzeptierte Währung ist es möglich, zu jedem Tauschgeschäft einen direkten Tauschpartner zu finden. Der Gewürzhändler muss nicht mehr seine Gewürze gegen Seide tauschen, um darauf die Seide gegen Weizen zu tauschen. Während im Markt in Abbildung 1 alle Tauschgeschäfte in Form von Gut gegen Gut geführt werden müssen, können im Markt in Abbildung 2 alle Güter gegen Gold getauscht werden.

Der Tauschvorgang Gut gegen Gut kann nun in zwei voneinander getrennte Tauschvorgänge aufgeteilt werden. Diese sind Gut gegen Gold und Gold gegen Gut. Somit ist es möglich diese beiden Vorgänge zeitlich voneinander zu trennen. In der Zwischenzeit dient das Gold als Speicher der Kaufkraft. Diese gespeicherte Kaufkraft kann zu einem späteren Zeitpunkt wiedereingesetzt werden. Das Gold dient in diesem Fall als Wertaufbewahrungsmittel.[4]

Ein Wertaufbewahrungsmittel wird als Medium definiert, welches einen gewissen Wert aufweist und diesen speichert. Dadurch, dass es allgemein akzeptiert und verkäuflich ist, kann es zu einem späteren Zeitpunkt gegen mindestens den gleichen Wert wieder eingetauscht werden.[5] Somit ist es möglich, einen Wert in z.B. einem Gut zu speichern, um diesen Wert vor einem möglichen Verfall zu schützen und zu einem späteren Zeitpunkt wieder freizusetzen. Dem Wertspeichermedium wird hier ein mindestens konstanter oder steigernder

---

[4] Vgl. von Below 1977, S. 55
[5] Vgl. Ammous 2018, S. 4

Wert prognostiziert.[6] Durch ein Wertaufbewahrungsmittel kann geleistete Energie oder Arbeit in einem Medium gespeichert werden, um die gespeicherte Kaufkraft der geleisteten Energie oder Arbeit in Form von Kaufkraft zu einem späteren Zeitpunkt wieder freizusetzen.[7]

Grundsätzlich müssen mindestens die folgenden drei Voraussetzungen gegeben sein, damit ein Wertaufbewahrungsmittel seine Funktion erfüllen kann. Es muss knapp sein und eine hohe Haltbarkeit sowie eine hohe Wertstabilität aufweisen.[8]

## 2.2 Was eignet sich als Wertaufbewahrungsmittel?

Im Laufe der Zeit haben sich verschiedene Güter als Wertaufbewahrungsmittel erwiesen. Der älteste Wertspeicher ist Gold, er wurde schon im 6. Jahrhundert. v. Chr. in Form von Goldmünzen als Zahlungsmittel und zur Wertaufbewahrung genutzt. Auch das Edelmetall Silber wurde lange Zeit in seiner Geschichte als Zahlungsmittel verwendet und bekam immer einen gewissen Wert zugesprochen.[9] Bis zum Jahr 1931 wurden auf der mikronesischen Yap-Insel seltene Steine als Mittel zur Wertaufbewahrung genutzt. Diese als schön empfundenen und seltenen Steine waren nur durch einen hohen

---

[6] Vgl. Taghizadegan 2018, S. 172
[7] Vgl. Mankiw 1993, S. 191
[8] Vgl. Stroukal 2018, S. 39
[9] Vgl. Dehio 2020, S. 46-47

Arbeitsaufwand herzustellen und wurden dort als Zahlungsmittel und zur Wertaufbewahrung verwendet.[10]

Ein weiteres Medium für den Werterhalt stellen Diamanten dar, deren Wertstabilität historisch belegt ist. Abstrakt gesehen muss ein Medium, welches als Wertaufbewahrungsmittel dienen soll, folgende Eigenschaften aufweisen. Es muss zunächst langfristig verkäuflich sein. Das heißt, es muss auch in der Zukunft noch einen Käufer geben, welcher bereit ist mindestens den gleichen Wert für das Medium beim Verkauf zu entrichten. Das Medium muss somit eine Wert- und Preisstabilität aufweisen, welche einen mindestens konstanten Preis in der Zukunft prognostizieren lässt.[11] Ein Wertaufbewahrungsmittel muss frei von Anfälligkeit gegen Formen des Verfalls, wie Fäulnis oder Korrosion, sein. Auch spielt die physische Unversehrtheit eine Rolle. Treten diese Zustände ein, würde sich dies negativ auf den langfristigen Verkaufswert auswirken.[12]

Damit ein Medium die Funktion der Wertaufbewahrung erfüllen kann, müssen bei dessen Produktion oder Förderung hohe Kosten entstehen. Eine Erhöhung der Produktion erhöht somit die verfügbare Menge und wirkt sich auf den Preis aus.[13] Ein Indikator, welcher dem Rohstoffmanagement entspringt, ist die Stock to Flow Ratio. Stock steht hierbei für den aktuellen „Bestand" eines Guts. Der Flow gibt den jährlichen Zuwachs des Guts an. Der Indikator zeigt, welchen

---

[10] Vgl. Museum der Belgischen Nationalbank 2007
[11] Vgl. Ammous 2018, S. 4
[12] Vgl. ebd., S. 6
[13] Vgl. Ammous 2018, S. 21-22

Zeitraum es bei der aktuellen Produktionsmenge des Rohstoffes benötigt, bis der aktuell vorhandene Bestand erreicht wird. Die Ratio gibt also das Verhältnis der verfügbaren Menge eines Rohstoffes zu der aktuellen Produktionsmenge an. Historisch gesehen dienten Güter mit einer hohen Stock to Flow Ratio als Wertaufbewahrungsmittel.[14]

---

[14] Vgl. ebd., S. 17-25

# 3 Das Edelmetall Gold

## 3.1 Geschichtliches über Gold

Im Altertum galt Gold als das „Fleisch der Götter". Gold stand für das Königliche und das Göttliche, für Licht und Reinheit.[15] Als vor ungefähr 6.000 Jahren Ägypter das erste Mal Gold fanden, glaubte man, es wäre ein „Stück vom Himmel" und etwas „Heiliges", welchem eine besondere mystische Macht zugesprochen wurde.[16] Die erste Verwendung von Gold als Tauschmittel geht bis in die Zeit 5.000 v. Chr. zurück.[17] Im alten Ägypten fungierte Gold nicht nur als Symbol von Macht und zur Akkumulation von Reichtum, sondern wurde auch als Zahlungsmittel, in Form von Schmuck oder Ringen in verschiedenen Durchmessern, genutzt.[18] Auch im 8. Jahrhundert v. Chr. bis zum 7. Jahrhundert n. Chr. kam im Römischen Reich Gold eine große Rolle als Zahlungs- und Wertaufbewahrungsmittel zu. In zahlreichen Schlachten wurden damals enorme Mengen Gold erbeutet. Auch wurden größtenteils die Armeen und Heere mit Gold für ihre Dienste bezahlt.[19] Im Jahr 50 v. Chr. wurden die ersten Goldmünzen erschaffen und dienten als indirektes Tauschmittel.[20]

---

[15] Vgl. Offenberg 2011, S. 19
[16] Vgl. Sander 2013, S. 22
[17] Vgl. Rettberg 2007, S. 155
[18] Vgl. Kaskaldo 2018, S. 15
[19] Vgl. Offenberg 2011, S. 38-45
[20] Vgl. Sander 2013, S. 26; Vgl. Grimmer 2012, S. 17

Bei anderen Kulturen wie den Inkas wurde Gold als „heiliges Metall des Sonnengottes" angesehen und aus diesem Grund überzogen sie ihre Tempel und Paläste mit Gold. Auch die Griechen veredelten ihre Tempel und die Statuen der Götter mit Gold.[21] Gold dient somit schon seit Jahrtausenden als Währung und ist allgemein als Wertaufbewahrungs- mittel anerkannt. Im Zuge des 19. Jahrhunderts führten Staaten wie Großbritannien (1816), Kanada (1853), Deutschland (1872) und die USA (1873) den Goldstandard ein. Weitere Staaten folgten diesen. Dies diente zur Stabilisierung der Währung, da Papiergeld durch einen Teil von Gold gedeckt wurde und jederzeit gegen Gold eingetauscht werden konnte.[22] Allerdings wurde der Goldstandard zu Beginn des Ersten Weltkriegs im Jahr 1914 von dessen Teilnehmern aufgrund von Liquiditätsmangel wieder aufgehoben.[23] Auch im Zuge des Zweiten Weltkriegs wiederholte sich eine Phase, welche von Inflation geprägt war. Im Sommer 1944 einigten sich Delegierte aus 44 Staaten auf der Konferenz von Bretton Woods auf eine neue Währungsordnung. Im Bretton-Woods-Abkommen wurde beschlossen, den US-Dollar fest an Gold zu binden. Eine Konvertierung des Dollars in Gold war somit wieder möglich. Alle anderen Währungen sollten ihren Wert hieraus ableiten. Schließlich gaben die USA im Zuge des Vietnamkriegs im Jahr 1970 die Bindung des US-Dollars an Gold endgültig auf.[24]

---

[21] Vgl. Kaskaldo 2018, S. 14
[22] Vgl. Middelkoop 2015, S. 34
[23] Vgl. Sieper 1992, S. 566
[24] Vgl. Offenberg 2011, S. 189

Seit der Abschaffung des Goldstandards dienen die nationalen Goldreserven nicht mehr zur Deckung der Landeswährung, sondern der Möglichkeit des Bilanzausgleichs der Notenbanken.[25]

## 3.2 Eigenschaften von Gold

Gold, im Lateinischen „aurum", bezeichnet das chemische Element Au mit der Ordnungszahl 79 im Periodensystem. Neben Kupfer, Silber, Palladium, Platin und wenigen anderen Metallen gehört Gold zur Gruppe der Edelmetalle. Das gelbe und hellglänzende Edelmetall weist nicht nur eine hohe Dichte von 19,3 g/cm$^3$ auf, es hat auch einen hohen Schmelzpunkt von 1.064 °C. Durch seine hohe Elastizität ist Gold leicht formbar. So ist es möglich, ein Gramm Gold zu einem Blatt von einem Quadratmeter zu verformen oder eine Unze (31,1 Gramm) zu einem Faden mit einer Länge von 56 Kilometer zu ziehen.[26]

Im Folgenden geht der Autor auf die Eigenschaften eines Wertaufbewahrungsmittels, wie die Haltbarkeit und die Seltenheit, ein. Auf die Eigenschaft der Wertbeständigkeit wird später in Kapitel 3.5 genauer abgestellt. Zudem werden weitere Eigenschaften wie die Teilbarkeit, die Transportfähigkeit, die Fungibilität und die Fälschungssicherheit erläutert. Diese werden von den Eigenschaften von Geld abgeleitet.[27]

---

[25] Vgl. Ulfkotte 2011, S. 41
[26] Vgl. Kaskaldo 2018, S. 3
[27] Vgl. Gomzin 2016, S. 3

**Haltbarkeit:** Eine wichtige Eigenschaft von Gold ist, dass es gegen äußere Einflüsse beständig ist. Es ist immun gegen Formen des Verfalls, wie Korrosion oder Fäulnis, welches eine enorme Haltbarkeit ausdrückt. Es ist weder reaktiv noch radioaktiv und weist somit eine große Beständigkeit gegenüber verschiedenen chemischen Einflüssen auf.[28] Zudem wird es im Gegensatz zu anderen Edelmetallen nicht verbraucht. Die Menge bleibt somit immer gleich, lediglich die Form, in welcher das Gold vorliegt, verändert sich.[29] Zwar ist Gold resistent gegen die meisten Säuren, allerdings löst es sich in sogenanntem „Königswasser", einem Gemisch aus Salpetersäure und Salzsäure, oder einer Lösung aus Zyankali und Natrium auf.[30]

**Seltenheit:** Man geht davon aus, dass zwei Drittel des Goldbestandes weltweit bis zum Jahr 1950 abgebaut wurden.[31] Bis Ende 2019 wurden schätzungsweise insgesamt 197.576 Tonnen Gold abgebaut.[32] Jedes Jahr werden durchschnittlich knapp über 3.000 Tonnen Gold aus Goldminen gefördert.[33] Die Gewinnung von Gold durch Förderung aus Goldminen oder Recycling ist mit hohen Kosten verbunden, dadurch ist die Produktion von Gold begrenzt. Bis heute ist es nicht möglich, Gold zu duplizieren oder synthetisch herzustellen. Dies macht Gold zu einem knappen und seltenen Gut.

---

[28] Vgl. Kaskaldo 2018, S. 3
[29] Vgl. Sander 2013, S. 21
[30] Vgl. Kaskaldo 2018, S. 3
[31] Vgl. World Gold Council 2020
[32] Vgl. ebd.
[33] Vgl. World Gold Council: Gold supply and demand statistics 2020

**Teilbarkeit**: Gold ist unter allen Metallen das weichste. Dadurch lässt es sich relativ einfach formen und biegen. Durch diese Eigenschaft lässt es sich fast nach Belieben teilen.[34] Durch bestimmte Verfahren ist es möglich, Gold bis auf kleinste Gold-Nanopartikel zu teilen.[35]

**Transportfähigkeit**: Dadurch, dass Gold theoretisch in kleinste Einheiten geteilt werden und in große Einheiten geschmolzen werden kann, ist es leicht Gold physisch, in verschiedenen Mengen, zu transportieren. Der limitierende Faktor ist hierbei der Raum, den das zu transportierende Gold einnimmt, und das Gewicht. Eine Unze Gold wiegt 31,1034768 Gramm und hat einen Gegenwert von 1.643[36] US-Dollar (Stand 23.02.2020).

**Fungibilität**: Als fungibel bezeichnet man Güter, Waren oder andere Handelsgegenstände, welche beliebig gegeneinander austauschbar oder ersetzbar sind. Diese müssen nach Maß, Zahl oder Gewicht bestimmbar und ohne Weiteres gegeneinander austauschbar sein.[37] Gold erfüllt diese Eigenschaft, da es einen einheitlichen Wert pro Einheit besitzt. Jede Unze Gold hat die gleiche chemische Zusammensetzung und den gleichen Materialwert wie eine andere Unze. Dadurch ist eine schnelle und reibungslose Veräußerung von Gold erfüllbar.

---

[34] Vgl. Kaskaldo 2018, S. 3
[35] Vgl. Keel; Holiday; Harper 2010
[36] Vgl. Finanzen.net 2020
[37] Vgl. Gabler Wirtschaftslexikon 2020

**Fälschungssicherheit:** Es ist möglich, eine Goldmünze oder einen Goldbarren so zu fälschen, dass dies optisch nicht erkennbar ist. Dies ist durch Beimischung anderer Materialien wie z.B. Wolfram, anstelle von Gold, denkbar. Dies kann oft nur durch eine Echtheitsprüfung über spezielle Tests, welche die chemische Zusammensetzung des Goldes oder dessen physische Eigenschaften wie z.b. magnetische Eigenschaften oder die Leitfähigkeit prüfen, herausgefunden werden.[38]

## 3.3 Weltweite Goldmenge

Wie schon in Kapitel 3.2 erwähnt, wurden bis Ende 2019 schätzungsweise 197.576 Tonnen Gold abgebaut. Dies stellt den überirdischen und bereits abgebauten Goldbestand dar.[39] Die noch abbaubare Menge an unterirdischen Goldreserven wird auf ca. 54.000 Tonnen geschätzt.[40] Das World Gold Council schätzt weitere 100.000 Tonnen an Gold in Mineralressourcen.[41] Bis alle Goldvorkommen erschöpft sind, geht man von einer Gesamtmenge von 350.000 Tonnen aus.[42]

Mit 47,0 Prozent des bereits abgebauten Goldes, was 92.947 Tonnen entspricht, wurde etwa die Hälfte des gesamten Goldes, zu Schmuck verarbeitet. Die weltweiten Goldreserven, welche durch Zentralbanken gehalten werden, belaufen sich auf 33.919 Tonnen, was 17,2

---

[38] Vgl. Hagen 2013, S. 99-101
[39] Vgl. World Gold Council: Above-ground stocks 2020
[40] Vgl. Dehio 2020, S. 9
[41] Vgl. World Gold Council: Gold 2048: The next 30 years for Gold 2018, S. 28
[42] Vgl. Dehio 2020, S. 63

Prozent der Gesamtmenge entspricht. 42.619 Tonnen (21,6 Prozent) werden von privaten Personen in Form von Münzen und Barren als Anlageform gehalten, wobei hiervon 2.898 Tonnen in Indexfonds verwaltet werden. Die restlichen 28.090 Tonnen (14,22 Prozent) werden unter „andere Fertigung" und „unerklärt" aufgeführt.[43]

| Supply | 2010 | 2011 | 2012 | 2013 | 2014 | 2015 | 2016 | 2017 | 2018 | 2019 |
|---|---|---|---|---|---|---|---|---|---|---|
| Mine production | 2.748,5 | 2.857,4 | 2.929,1 | 3.110,3 | 3.202,9 | 3.300,7 | 3.398,5 | 3.455,2 | 3.509,3 | 3.483,7 |
| Net producer hedging | -108,8 | 22,5 | -45,3 | -27,9 | 104,9 | 12,9 | 37,6 | -25,5 | -12,5 | 8,3 |
| Recycled gold | 1.679,1 | 1.651,1 | 1.670,8 | 1.247,7 | 1.187,8 | 1.121,4 | 1.281,5 | 1.156,1 | 1.176,1 | 1.304,1 |
| Total supply | 4.318,8 | 4.531,1 | 4.554,6 | 4.330,1 | 4.495,7 | 4.434,9 | 4.717,6 | 4.585,7 | 4.673,0 | 4.776,1 |

Abbildung 3: Weltweites Goldangebot in den Jahren 2010 bis 2019[44]

Abbildung 3 zeigt das jährliche Goldangebot in den Jahren 2010 bis 2019. Das Goldangebot setzt sich zum größten Teil aus dem Gold der Minenproduktion und dem Gold aus Recycling zusammen. Der derzeitige Bestand erhöht sich kontinuierlich um die jährlich geförderte Menge. Im Jahr 2018 wurde die bislang höchste Menge an Gold gefördert. Die geförderte Goldmenge steigt vom Jahr 2010 bis zum Jahr 2018 kontinuierlich an. Lediglich im Jahr 2019 ist ein leichter Rückgang zu verzeichnen.

## 3.4 Verwendung von Gold

Gold wird zum Teil als Wertaufbewahrungsmittel verwendet, allerdings hat es auch, wie z.B. in der Industrie, noch andere Anwendungszwecke. Auch im Jahr 2019 stammte der größte Teil der

---

[43] Vgl. World Gold Council: Above-ground stocks 2020
[44] Vgl. World Gold Council: Gold supply and demand statistics 2020

Goldnachfrage von der Schmuckindustrie. Mit 48,4 Prozent wurde fast die Hälfte seitens des schmuckproduzierenden Gewerbes nachgefragt und von diesem verarbeitet. Des Weiteren wurden im Investmentsektor 20 Prozent des Goldes für Münzen und Barren, 14,9 Prozent von Zentralbanken und vergleichbaren Institutionen und 9,2 Prozent von Indexfonds nachgefragt. 6,0 Prozent der Goldnachfrage wurde von der Elektronikindustrie erzeugt. 1,2 Prozent stellen anderweitige industrielle Nachfrage dar und 0,3 Prozent wurden im Bereich der Zahnmedizin nachgefragt.[45]

## 3.5 Gold als Wertaufbewahrungsmittel

Nachdem der Autor in Kapitel 2.1 definiert hat, was ein Wertaufbewahrungsmittel ist, soll hier die Fähigkeit von Gold, Kaufkraft über die Zeit zu speichern und diese zu einem späteren Zeitpunkt einzusetzen, beleuchtet werden. Hierfür ist es unerlässlich, die historische Entwicklung des Goldpreises zu betrachten. Da der Goldpreis in US-Dollar notiert wird, wird der Autor im weiteren Verlauf alle Preise in US-Dollar angeben. Somit sollen Wechselkursrechnungen umgangen werden und soll eine bessere Vergleichbarkeit der Preise realisiert werden.

---

[45] Vgl. World Gold Council: Above-ground stocks 2020

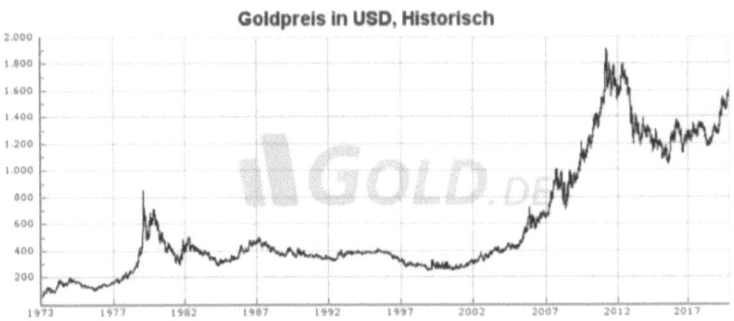

Abbildung 4: Historischer Goldpreis in US-Dollar[46]

Abbildung 4 zeigt den historischen Kursverlauf des Goldpreises in US-Dollar. Nachdem der Goldpreis im Jahr 1973 von 65 US-Dollar auf einen Wert von 850 US-Dollar im Jahr 1980 gestiegen war, kam es über zwei Jahrzehnte zu einer Preiskorrektur. In diesem Zeitraum bewegte sich der Goldpreis im Bereich von 250 bis 500 US-Dollar.[47] Ab dem Jahr 2001 stieg der Goldpreis von seinem Tief von 256 US-Dollar auf 1.920 US-Dollar im Jahr 2011.[48] Von diesem Höchststand korrigierte der Preis bis auf 1.050 US-Dollar und schwankte zwischen diesem Wert und 1.500 US-Dollar. Aktuell erreicht der Goldpreis am 20.02.2020 wieder einen Wert von 1.620 US-Dollar.[49] Somit ist der Goldpreis historisch gesehen nicht nur immer gestiegen, sondern hat auch über Jahrzehnte gesehen seinen Wert relativ erhalten.

---

[46] Vgl. Gold.de 2020
[47] Vgl. ebd.
[48] Vgl. Dehio 2020, S. 59
[49] Vgl. ebd.

Abbildung 5 veranschaulicht die Preisentwicklung von Gold in verschiedenen Landeswährungen vom Jahr 2001 bis zum 21.05.2019. Vergleicht man die Wertentwicklung von Gold im Zeitraum vom 02.01.2001 bis zum 21.05.2019, so ist zu sehen, dass Gold im Durchschnitt langfristig in jeder Währung an Wert gewinnt. Der Wert von Gold hat sich in diesem Zeitraum, gemessen in US-Dollar, um 9,6 Prozent (8,6 Prozent in Euro und 8,4 Prozent in Chinesischem Yuan) erhöht. Im Durchschnitt ist der Wert in allen Jahren, außer 2013 und 2015, gestiegen.

|  | EUR | USD | GBP | AUD | CAD | CNY | JPY | CHF | INR | Average |
|---|---|---|---|---|---|---|---|---|---|---|
| 2001 | 8.1% | 2.5% | 5.4% | 11.3% | 8.8% | 2.5% | 17.4% | 5.0% | 5.8% | 7.4% |
| 2002 | 5.9% | 24.7% | 12.7% | 13.5% | 23.7% | 24.8% | 13.0% | 3.9% | 24.0% | 16.2% |
| 2003 | -0.5% | 19.6% | 7.9% | -10.5% | -2.2% | 19.5% | 7.9% | 7.0% | 13.5% | 6.9% |
| 2004 | -2.7% | 5.3% | -2.3% | 1.8% | -1.9% | 5.3% | 0.7% | -3.4% | 0.6% | 0.5% |
| 2005 | 36.8% | 20.0% | 33.0% | 28.9% | 15.4% | 17.0% | 37.6% | 37.8% | 24.2% | 26.1% |
| 2006 | 10.6% | 23.0% | 8.1% | 13.7% | 23.0% | 19.1% | 24.3% | 14.1% | 20.9% | 17.2% |
| 2007 | 18.4% | 30.9% | 29.2% | 18.3% | 12.1% | 22.3% | 22.9% | 21.7% | 16.5% | 21.7% |
| 2008 | 10.5% | 5.8% | 43.2% | 31.3% | 30.1% | -2.4% | -14.4% | -0.1% | 28.8% | 15.5% |
| 2009 | 20.7% | 23.4% | 12.7% | -3.0% | 5.9% | 23.6% | 26.8% | 20.1% | 19.3% | 16.5% |
| 2010 | 38.8% | 29.5% | 34.3% | 13.5% | 22.3% | 24.9% | 13.0% | 16.7% | 23.7% | 25.2% |
| 2011 | 14.2% | 10.1% | 10.5% | 10.2% | 13.5% | 5.9% | 4.5% | 11.2% | 31.1% | 11.2% |
| 2012 | 4.9% | 7.0% | 2.2% | 5.4% | 4.3% | 6.2% | 20.7% | 4.2% | 10.3% | 7.5% |
| 2013 | -31.2% | -28.3% | -29.4% | -16.2% | -23.0% | -30.2% | -12.8% | -30.1% | -18.7% | -24.1% |
| 2014 | 12.1% | -1.5% | 5.0% | 7.7% | 7.9% | 1.2% | 12.3% | 9.9% | 0.8% | 6.2% |
| 2015 | -0.3% | -10.4% | -5.2% | 0.4% | 7.5% | -6.2% | -10.1% | -9.9% | -5.9% | -3.8% |
| 2016 | 12.4% | 9.1% | 30.2% | 10.5% | 5.9% | 16.8% | 5.8% | 10.8% | 11.9% | 12.3% |
| 2017 | -1.0% | 13.6% | 3.2% | 4.6% | 6.0% | 6.4% | 8.9% | 8.1% | 6.4% | 6.3% |
| 2018 | 2.7% | -2.1% | 3.8% | 8.5% | 6.3% | 3.5% | -4.7% | -1.2% | 6.6% | 2.6% |
| 2019 ytd | 3.6% | -0.2% | -0.1% | 2.3% | -1.9% | 0.2% | 0.7% | 2.8% | -0.2% | 0.8% |
| Average | 8.6% | 9.6% | 10.8% | 8.0% | 8.6% | 8.4% | 9.2% | 6.8% | 11.8% | 9.1% |

Abbildung 5: Goldpreisentwicklung von 2001 bis 21.05.2019 in verschiedenen Währungen[50]

Um den Werterhalt zu messen, ist allerdings nicht nur der relative Goldpreis ausschlaggebend. Vielmehr ist die reale Kaufkraft von Gold essentiell für den Werterhalt. Um den realen Kaufkrafterhalt von Gold zu ermitteln, muss der Wertzuwachs in Geldeinheiten mit der im gleichen Zeitraum herrschenden Inflationsrate in ein Verhältnis

---

[50] Vgl. Incrementum AG 2019, S. 25

gesetzt werden. Hier stellt man demzufolge den durchschnittlichen Wertzuwachs in US-Dollar vom Jahr 2001 bis 2019 der durchschnittlichen Inflation im gleichen Zeitraum gegenüber. Dies entspricht einem durchschnittlichen Preiszuwachs von jährlich 9,6 Prozent, welcher einer Verteuerung der US-Konsumentenpreise, gemessen durch die durchschnittliche jährliche Inflationsrate, von 2,1 Prozent[51] gegenübersteht. Historisch gesehen konnte der Preiszuwachs des Goldpreises die rechnerische Inflation allerdings nicht immer übertreffen. In den Jahren 1991 bis 2006 war die Inflation höher als der Wertzuwachs.[52]

---

[51] Vgl. Statista, durchschnittliche Inflationsrate von 2001 bis 2019
[52] Vgl. Flossbach von Storch 2017, 22.02.2020

# 4 Grundlagen von Bitcoin

## 4.1 Die Entstehung von Bitcoin

Im Zuge der Finanzkrise veröffentlichte am 31.08.2008 ein Unbekannter unter dem Pseudonym Satoshi Nakamoto das Dokument „Bitcoin: A Peer-to-Peer Electronic Cash System" auf der Webseite Bitcoin.org. Über die Identität der Person oder der Gruppe ist bis heute nichts bekannt. Das veröffentlichte Dokument beschreibt auf neun Seiten die Grundfunktionsweise des Bitcoin-Systems. „What is needed is an electronic payment system based on cryptographic proof instead of trust, allowing any two willing parties to transact directly with each other without the need for a trusted third party."[53] Dies beschreibt das Vertrauen in ein digitales, kryptographisches und dezentrales Währungssystem, in welchem zwei Personen ohne die Notwendigkeit einer dritten Partei, wie etwa einer Bank, Transaktionen durchführen können. Bis heute ist nicht geklärt, wer das Bitcoin-Protokoll erfunden hat. Das Bitcoin-Protokoll ist frei zugänglich unter bitcoin.org und kann von dieser Webseite heruntergeladen werden. Die Währung wird im Gegensatz zu Fiatgeld nicht von einer Zentralbank reguliert, sondern der Preis reguliert sich über das Angebot und die Nachfrage. Die ersten 50 Bitcoins wurden mit dem Genesis-Block am 03.01.2009 generiert. Dieser Block stellt die erste Bitcoin-Transaktion dar und somit den Ursprung des Systems. Ein Preis konnte sich allerdings erst ab Juli 2010 für Bitcoins finden, da am 17.07.2010 die Krypto-Börse Mt. Gox entstand. Zuvor wurden

---

[53] Nakamoto 2008, S. 9

Bitcoins lediglich von wenigen Benutzern untereinander gegen Waren oder Dienstleistungen getauscht und wurde ein individueller Preis festgelegt. So hat ein Bitcoin-Nutzer am 22.05.2010 10.000 Bitcoins für zwei Pizzen inklusive deren Lieferung entrichtet. Diese 10.000 Bitcoins hatten zu diesem Zeitpunkt keinen nennenswerten Wert, sodass der Bitcoin-Nutzer es zu dieser Zeit für einen akzeptablen Tausch hielt.[54] Nach dem heutigen Stand beträgt der Wert etwa 96.990.000 US-Dollar (Stand 21.02.2020).[55]

Anfang Februar 2011 erreichte Bitcoin zum ersten Mal die Marke von einem US-Dollar. Im weiteren Verlauf wurde im September 2012 die Bitcoin Foundation gegründet, um die Entwickler weitgehend finanziell zu unterstützen, den Bekanntheitsgrad von Bitcoin zu erhöhen und das Protokoll stetig zu verbessern und zu überwachen.[56] Im Jahr 2013 stieg das Interesse an Bitcoin. Bitcoins wurden erstmalig am 27.11.2013 bei einem Wert von über 1.000 US-Dollar gehandelt. Einen kurzzeitigen Vertrauensschaden erlitt Bitcoin im Jahr 2014, als die Börse Mt. Gox Ziel eines Hackerangriffs wurde und 850.000 Bitcoins entwendet wurden.[57] Als Resultat musste diese am 28. Februar 2014 Insolvenz anmelden. Der Bitcoin-Preis fiel im Laufe des Jahres von seinem Höchststand von knapp 1.187 US-Dollar Ende 2013 auf einen Tiefstand von 173 US-Dollar im Januar 2015. Dies entspricht einem Wertverlust von 85,4 Prozent. In den darauffolgenden Jahren stieg das Interesse an Bitcoin wieder stetig, sodass am 01.01.2017

---

[54] Vgl. Schneider 2019
[55] Vgl. Finanzen.net 21.02.2020
[56] Vgl. o.V.: Geschichte von Bitcoin 2015
[57] Vgl. Frankfurter Allgemeine Zeitung 2019

erstmals seit 2013 wieder ein Preis von 1.000 US-Dollar pro Bitcoin erreicht wurde.

Am 01.08.2017 spaltete sich die neu entstandene Kryptowährung Bitcoin Cash von der Bitcoin-Blockchain ab. Jede Bitcoin-Adresse, welche vor der Abspaltung z.B. 15 Bitcoins aufwies, bekam im übertragenen Sinne 15 Bitcoin Cash hinzu. Die Ereignisse in 2017, das immer stärkere Interesse durch private Anleger, Investoren und auch durch die Medien, ließen Bitcoin am 17.12.2017 einen Höchststand von 19.843 US-Dollar erreichen. Auf einzelnen Börsen wurde Bitcoin knapp über der Marke von 20.000 US-Dollar gehandelt, was Schlagzeilen hervorrief. Zeitgenau am gleichen Tag eröffneten die ersten Bitcoin-Futures. Es war nun zum ersten Mal möglich, auf fallende Bitcoin-Kurse zu wetten.[58] Professionelle Spekulanten nutzten dies, um auf einen fallenden Bitcoin-Kurs zu wetten, was einen starken Preis-Abwärtstrend im Jahr 2018 nach sich zog.

Mit dem Gesetz zur Umsetzung der Änderungsrichtlinie zur Vierten EU-Geldwäscherichtlinie ist es seit 01.01.2020 deutschen Banken erlaubt, Kryptowährungen wie Bitcoin für ihre Kunden zu verwahren, zu verwalten und zu sichern.[59]

## 4.2 Blockchain

Um zu verstehen, wie Bitcoin funktioniert, ist es notwendig den Begriff Blockchain zu erklären. Der Begriff Blockchain wird im Englischen auch als „distributed ledger system" bezeichnet. Dies ist ein

---

[58] Vgl. Dörner 2017
[59] Vgl. Bundesfinanzministerium 2019, S.2623

## Grundlagen von Bitcoin

System mit einer dezentralen Datenbank, welche die Transaktionshistorie seiner Teilnehmer in regelmäßigen Zeitabschnitten aktualisiert. Die einzelnen Transaktionen werden in Gruppen zusammengefasst. Diese Gruppen nennt man Blöcke. Bis auf den Genesis-Block hat jeder Block einen vorherigen Block und ist mit diesem verkettet. Diese spezielle Art von Verkettung ist ein essentieller Bestandteil der Blockchain.[60]

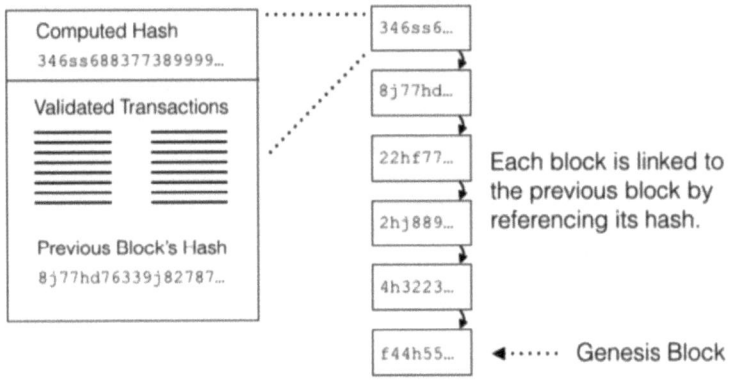

Abbildung 6: Vereinfachte Darstellung der Bitcoin-Blockchain[61]

Der Bitcoin ist eine Kryptowährung auf Blockchain-Basis. Abbildung 6 zeigt das Schema einer Blockchain. Die abgebildeten Würfel symbolisieren die einzelnen Blöcke, in denen die Informationen der Transaktionen abgespeichert sind. Die einzelnen Blöcke sind durch kryptographische Informationen wie eine „Kette" miteinander verbunden, sodass diese Informationen und die Reihenfolge der Blöcke unveränderbar sind. Jeder Teilnehmer des Systems sieht jederzeit

---

[60] Vgl. Caetano 2015, S. 92
[61] Vgl. ebd.

die Transaktionshistorie, welche in den Blöcken abgespeichert ist. Veränderungen und Eingriffe von außen würden somit jederzeit auffallen und vom System abgelehnt werden.[62]

## 4.3 Private Key und Public Key

Wie bereits in Kapitel 4.2. beschrieben, handelt es sich bei Bitcoin um ein dezentrales System. Dieses funktioniert anders als ein zentrales System. Ein zentrales System wie z.B. eine Bank oder ein E-Mail-Anbieter gleicht bei einer Kontoerstellung ab, ob bereits ein Konto vergeben wurde oder nicht. Bei Bitcoin wird nicht abgeglichen, ob die Person schon ein „Konto" besitzt, sondern dieses wird nach dem Zufallsprinzip vergeben. Diese zugewiesene Nummer nennt sich Private Key.[63] Der Private Key hat in der Computersprache 256 Stellen, welche aus Nullen oder Einsen bestehen. Der Algorithmus errechnet anhand des Private Key den Public Key. Dieser besteht aus 64 alphanumerischen Ziffern.[64] Der Public Key wird oft auch Public-Adresse genannt. Diese Adresse ermöglicht es, Bitcoins zu empfangen, da der Versender beim Versenden eine Empfangsadresse bzw. den Public Key eingeben muss. Bei einem virtuellen Gut wie Bitcoin ist es, im übertragenen Sinne, nicht möglich Bitcoins zu besitzen. Es ist lediglich möglich im Besitz des Private Key zu sein, mit welchem man Bitcoins der zugehörigen Public-Adresse verwalten kann. Theoretisch ist es möglich, durch zufälliges Generieren von Private Keys einen bereits von einer anderen Person generierten Private Key zu erhalten,

---

[62] Vgl. Hosp 2019, S. 45-46
[63] Vgl. ebd., S. 50-51
[64] Vgl. ebd., S. 51-52

allerdings ist die Wahrscheinlichkeit hierfür $1/(2^{256})$ und geht somit gegen null.[65]

Der Private Key kann auch in die Form eines Seeds gebracht werden. Ein Seed hat in der Regel eine Länge von 24 Wörtern in einer bestimmten Reihenfolge. Die Wörter stammen aus einer festgelegten Liste aus 2.048 möglichen Wörtern. Der Seed kann aus dem privaten Schlüssel generiert werden.

## 4.4 Mining

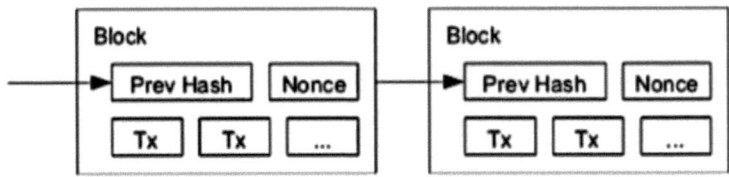

Abbildung 7: Vereinfachte Darstellung des Mining-Prozesses[66]

Mining (Graben, Abbauen, Fördern) ist ein Begriff, der eigentlich aus dem Bergbau stammt. Er beschreibt einen Prozess im dezentralen Bitcoin-System, bei dem Rechenleistung zur Transaktionsverarbeitung und -bestätigung zur Verfügung gestellt wird. „Mining ist ein Prozess in einem dezentralen System, um Konsens (Konsensus) zu kreieren."[67] Im dezentralen System von Bitcoin gibt es verschiedene Arten von Beteiligten. Neben den Nutzern des Bitcoin-Netzwerks, welche Zahlungen tätigen und empfangen, gibt es auch Miner. Die

---

[65] Vgl. ebd., S. 52
[66] Vgl. Nakamoto 2008, S. 4
[67] Hosp 2019, S. 60

Aufgabe der Miner im Netzwerk ist es, die Transaktionen auf Richtigkeit zu prüfen und zu bestätigen. Hierfür erhalten sie eine Gebühr vom Sender der Transaktion.[68] Eine weitere Aufgabe der Miner ist es, mathematische Rechenoperationen zu leisten, um verbildlicht einen Block zu finden, in den die Transaktionen integriert werden können. Hierbei muss der Miner durch eine kryptographische Funktion eine bestimmte, passende Zahlenkette errechnen. Diese Zahlenkette nennt man eine Nonce. Nonce steht für „number used only once". Diese Nummer ist einzigartig und vervollständigt den Block, verknüpft die in einer Zeit durchgeführten Transaktionen und die Blöcke unwiderruflich miteinander.[69] Diese Tätigkeit ist mit Arbeitskosten in Form von erzeugter Rechenleistung bzw. verbrauchtem Strom verbunden. Der Miner, welchem es gelingt den schweren kryptographischen Algorithmus zu lösen, erhält hierfür eine Belohnung von 12,5 Bitcoins (Stand 23.02.2020). Dem Arbeitsaufwand in Form von Stromverbrauch steht somit ein möglicher Ertrag gegenüber. Bildlich gesprochen bekommt der Miner eine Belohnung von 12,5 Bitcoins dafür, dass er einen passenden Block kreiert, in den die Transaktionen hinzugefügt werden können. Bei Bitcoin sind dies ca. 4.200 Transaktionen pro Block.

## 4.5 Hash-Rate und Mining-Schwierigkeit

Wie in Kapitel 4.4 beschrieben, leisten die Miner Arbeit in Form von Rechenoperationen, um einen Block zu erzeugen. Diese kryptographische Rechenoperation nennt man einen Hash. Ein Hash

---

[68] Vgl. ebd., S. 67-69
[69] Vgl. ebd., S. 69-70

bezeichnet eine Rechenoperation und somit einen Versuch, einen Block zu finden und dadurch die Belohnung von 12,5 Bitcoins zu erhalten. Als Hash-Rate wird die Menge der durch die Miner unternommenen Rechenversuche pro Sekunde definiert, welche diese unternehmen, um einen Block zu finden.[70]

Das Protokoll von Bitcoin sieht vor, dass im Schnitt alle zehn Minuten ein Block gefunden wird. Da das Finden eines Blockes dem Zufallsprinzip unterliegt und somit von der Anzahl der unternommenen Rechenversuche abhängig ist, ist die benötigte Zeit, in welcher ein Block gefunden wird, inkonstant. Um diese Blockzeit – also die Zeit, die es benötigt, bis der nächste Block erstellt wird – relativ konstant zu halten, passt das System automatisch ca. alle zwei Wochen die Schwierigkeit, einen Block zu finden, an. Je schwieriger dabei das zu lösende Problem ist, desto länger dauert es, und umso leichter das zu lösende Problem ist, desto schneller wird es gelöst. Da es sich hierbei um Wahrscheinlichkeiten handelt, lassen sich mathematische Vorhersagen dazu treffen, wann ein Block gefunden wird. Das System regelt durch Anpassung der Mining-Schwierigkeit, wie viele Nullen die Zahl der Lösung der Rechenoperation zu Beginn aufweisen muss. Soll die Zahl der Lösung zu Beginn mehr Nullen aufweisen, so ist dies schwerer zu lösen als eine Zahl mit weniger Nullen am Beginn.[71]

---

[70] Vgl. Antonopoulos 2017, S. 26-27
[71] Vgl. Hosp 2019, S. 74

## 4.6 Eine Transaktion mit Bitcoin

In einer Bitcoin-Transaktion wird vereinfacht erklärt festgehalten, wer anonym von welcher Public-Adresse wie viele Bitcoins an wen bzw. welche Public-Adresse schickt.

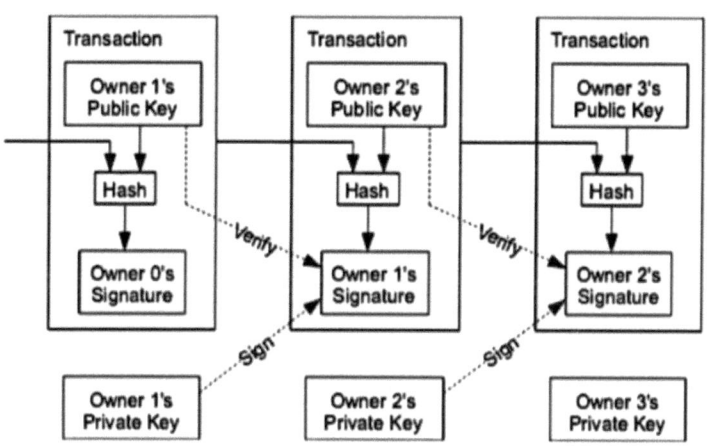

Abbildung 8: Darstellung einer Bitcoin-Transaktion[72]

Abbildung 8 zeigt eine Bitcoin-Transaktion im Detail. Im Beispiel führt in der mittleren der drei Transaktionen Owner 1 eine Transaktion mit Owner 2 aus. Zur Vereinfachung wird Owner 1 Person A und Owner 2 Person B genannt. Person A beweist mit ihrem Private Key, dass sie berechtigt ist, die Bitcoins zu transferieren. Person A erstellt eine Nachricht, in der erfasst ist, wie viele Bitcoins sie an den Public Key, also die Adresse von Person B, schickt. Person A signiert die Nachricht mit ihrem Private Key. Diese Signatur ist einzigartig und setzt sich aus der Nachricht und dem Private Key von Person A und

---

[72] Vgl. Nakamoto 2008, S. 2

dem Public Key von Person B zusammen. Durch eine mathematische Hash-Funktion erzeugt Person A die Signatur, welche die Transaktion einzigartig macht.[73]

---

[73] Vgl. Antonopoulos 2017, S. 18-22

# 5 Bitcoin und seine Eigenschaften

## 5.1 Seltenheit

Im Bitcoin-Protokoll ist die Gesamtmenge der jemals verfügbaren Bitcoins auf 21 Mio. festgelegt. Durch das Mining werden im Schnitt alle zehn Minuten neue Bitcoins in den Kreislauf gebracht. Zu Beginn wurden mit jedem neuen Block 50 Bitcoins als Entlohnung ausgeschüttet. Im Bitcoin-Protokoll ist programmiert, dass sich die Anzahl der ausgeschütteten Bitcoins pro Block alle 210.000 Blocks um die Hälfte reduziert. Demzufolge wurde am 28. November 2012 die Ausschüttung auf 25 Bitcoins und am 09. Juli 2016 auf 12,5 Bitcoins verringert. Bitcoins sind somit nicht beliebig vermehrbar. Sie werden mit einem Arbeitsaufwand durch das Mining erzeugt. Bis heute (Stand 23.02.2020) wurde die Gesamtzahl von 18.233.325 Bitcoins hergestellt. Dies entspricht einem prozentualen Anteil von 86,8 Prozent zu der Anzahl der jemals verfügbaren Bitcoins.

## 5.2 Teilbarkeit

Bitcoins sind auf bis zu acht Dezimalstellen teilbar. Die kleinste Einheit wird nach dem Erfinder Satoshi genannt. Ein Satoshi entspricht 0,00000001 Bitcoins. Bei einem derzeitigen Bitcoin-Preis von 9.699[74] US-Dollar (Stand 21.02.2020), entspräche ein Satoshi einem Preis von 0,00009699 US-Dollar. Damit der Wert eines Satoshis dem Wert eines Cents entspräche, müsste ein Bitcoin einem Preis von einer Mio. Dollar entsprechen. Theoretisch ist es bei einer

---

[74] Vgl. Finanzen.net 2020

Weltbevölkerung von 7,76 Mrd. Menschen möglich, dass jeder Mensch in den Besitz von 0,00270618 Bitcoins gelangt. Eine Änderung der Teilbarkeit von Bitcoin könnte durch ein Bitcoin Improvement Proposal (BIP) vorgenommen werden. Bei einem BIP handelt es sich um einen „Änderungsvorschlag" des Protokolls, welcher durch die Zustimmung einer klaren Mehrheit der Miner (95 Prozent) in das Protokoll implementiert werden kann.[75]

## 5.3 Transportfähigkeit

Die Grundlage für das Bitcoin-System ist die Bitcoin-Software. Diese wird als Wallet bezeichnet, was der Bedeutung eines digitalen Portmonees ähnelt. Als digitale Währung besitzen Bitcoins weder eine Größe noch weisen sie ein Gewicht auf. Um zu analysieren, wie man Bitcoin theoretisch mit sich transportiert, soll ein Blick auf die Aufbewahrungsmöglichkeiten von Bitcoin geworfen werden. Hier gibt es verschiedene Arten von Wallets. Der Autor kann aufgrund der Vielzahl indes nicht auf alle eingehen.

**Web-Wallet**: Bei dieser Art von Wallet handelt es sich um eine Seite im Internet, welche man aufrufen kann, um seine Bitcoins zu verwalten. Dies ermöglicht einen Zugriff von einem Endgerät, von überall in der Welt, aus.[76]

---

[75] Vgl. Karame; Androulaki 2016, S. 156
[76] Vgl. Platzer 2014, S. 30

**Hardware-Wallet**: Hier ist der Private Key auf einer externen Hardware wie z.B. einem Ledger Nano S oder Tresor One gespeichert. Der Private Key bleibt immer auf der Hardware-Wallet und ist somit vor Hacking-Angriffen von außen, z.B. durch Trojaner, geschützt.[77]

**Brain-Wallet**: Hier merkt sich der Benutzer den aus dem Private Key generierten Seed in seinem Gedächtnis. Die 24 Wörter können sich in der richtigen Reihenfolge gemerkt werden. Mit der Eingabe des Seeds in der Software erhält der Benutzer Zugriff auf seine Bitcoins.[78] Der private Schlüssel oder Seed kann auch auf ein Blatt Papier geschrieben werden. Dies nennt sich dann **Paper-Wallet**.[79]

## 5.4 Fungibilität

Eine Einheit Bitcoins repräsentiert exakt den gleichen Wert wie eine andere Einheit Bitcoins mit der gleichen Größe. Daher sind gleiche Einheiten Bitcoins durch andere gleich große Einheiten ersetzbar oder austauschbar.

Dadurch, dass die Bitcoin-Transaktionshistorie für alle transparent und zugänglich ist, können Zahlungen bis an deren Ursprung zurückverfolgt werden. Auf der Seite Blockchain.info können sämtliche Blöcke und deren Transaktionen transparent eingesehen werden. So ist es auch möglich, Zahlungen einzelner Adressen zu filtern und deren Transaktionsbilanzen einzusehen. Die Transaktionen sind insoweit anonym, da bei einer Transaktion weder personenbezogene Daten

---

[77] Vgl. Hosp 2019, S. 101
[78] Vgl. Caetano 2015, S. 61-62
[79] Vgl. Hosp 2019, S. 97

ausgetauscht werden noch diese in der Wallet hinterlegt sind. Kann allerdings die Identität einer Person einer Bitcoin-Wallet zugeordnet werden, so ist es möglich, deren bereits getätigte und die zukünftigen Transaktionen zu verfolgen.

## 5.5 Fälschungssicherheit

Seit der Erschaffung des Bitcoin-Systems wurde kein Weg gefunden, das System zu hacken oder zu manipulieren. Zwar sind Onlinebörsen wie Mt. Gox, aufgrund unzureichender Sicherheitsstandards gehackt worden, allerdings wurde das Bitcoin-System noch nie überlistet. Ein derartiges Problem würde zu einem sofortigen Vertrauensverlust führen und der Wert von Bitcoin würde sich drastisch verringern. Würde es jemandem gelingen, Bitcoins außerhalb des Mining-Prozesses zu erschaffen oder diese beliebig zu duplizieren, würde Bitcoin keine Akzeptanz finden und die Funktion als Wertaufbewahrungsmittel wäre in keiner Weise gegeben. In der Vergangenheit wurde vereinzelt über Diebstähle von Kryptowährungen berichtet. Dies war allerdings immer auf Fehler bzw. unzureichende Datensicherung der Geschädigten zurückzuführen, wodurch die Angreifer sich Zugriff auf die Bitcoins verschafft haben. Der Autor möchte im Weiteren lediglich auf die Sicherheit des Bitcoin-Systems eingehen und z.B. Hacks oder Phishing-Angriffe außer Acht lassen. In der Fachliteratur werden überwiegend zwei potenziell mögliche Fehler diskutiert, welche in der Theorie existieren, bis heute allerdings noch nie hervorgerufen werden konnten oder wurden.

**Das Doppel-Ausgaben-Problem**: Im Englischen heißt dieses theoretische Problem Double Spending. Hierbei versucht der Angreifer das System mit einer doppelten Transaktion von Bitcoins zu überlisten. Theoretisch könnte eine Person, welche Zugriff auf 0,1 Bitcoins hat, versuchen, diese 0,1 Bitcoins an Person A zu transferieren und zeitgleich bzw. direkt hintereinander die gleichen 0,1 Bitcoins an Person B zu transferieren. Die 0,1 Bitcoins sollen somit zweimal ausgegeben werden. Würde es sich hierbei um eine normale Banküberweisung handeln, würde die Bank sicherstellen, dass die Person nicht doppelt so viel ausgeben kann, als sie besitzt. In der Blockchain wird in der Regel die schnellere Transaktion von den Minern bestätigt und die langsamere Transaktion wird vom System abgelehnt.[80]

**Die 51-Prozent-Attacke**: Bei dieser Form des Angriffs müsste der Angreifer theoretisch mindestens 51 Prozent der Rechenleistung des gesamten Netzwerks besitzen. Durch den theoretischen Besitz der Mehrheit der Rechenleistung würde die Dezentralität des Systems verloren gehen. Der Angreifer hätte somit die Möglichkeit, Transaktionen zu zensieren oder zu fälschen und die Transaktionshistorie der Blockchain zu ändern.[81]

## 5.6 Wertbeständigkeit

Während bei Gold die Funktion der Wertaufbewahrung in einem langfristigen Zeitraum eindeutig nachgewiesen werden kann, kann bei Bitcoin aufgrund seiner Entstehung lediglich ein Zeitraum von maximal elf Jahren betrachtet werden.

---

[80] Vgl. Hosp 2019, S. 44
[81] Vgl. Hosp 2019, S. 118-119

Wie schon in Kapitel 4.1 erwähnt, konnte sich erst ab der Eröffnung der ersten Handelsbörse für Bitcoin im Juli 2010 ein Preis für Bitcoin finden.

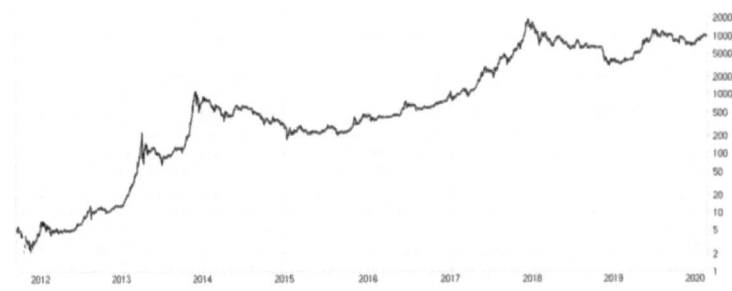

Abbildung 9: Logarithmisches Bitcoin-Preisdiagramm[82]

Abbildung 9 zeigt den logarithmischen Bitcoin-Chart vom 13.09.2011 bis zum 23.02.2020. Betrachtet man den Preis von Bitcoin in einem langfristigen Zeitintervall, so ist zu erkennen, dass der Preis pro Bitcoin seit dessen Entstehung stark gestiegen ist. Zwar hat sich der Preis einer Einheit Bitcoins seit seiner ersten Preisfindung von 0,08[83] Cent auf 9.699 US-Dollar (Stand 21.02.2020) erhöht. Allerdings folgte auf einen hohen Preisanstieg nicht selten auch wieder ein enormer Preisrückgang. So erhöhte sich im Januar 2013 der Preis von 14 US-Dollar bis zum 10.04.2013 auf 233 US-Dollar und fiel innerhalb von zwölf Stunden um 71 Prozent auf 67 US-Dollar.[84] Am 29.11.2013 erreichte der Bitcoin-Kurs einen Wert von 1.183 US-Dollar, welcher am 14.01.2015 seinen Tiefstand von 199 US-Dollar

---

[82] Vgl. Bitcoincharts.com 2020
[83] Vgl. Sixt 2016, S. 20
[84] Vgl. Pollock 2017

erreichte.[85] Daraufhin stieg der Preis langfristig bis zum 16.12.2017 auf einen Höchststand von 19.393 US-Dollar, worauf er bis zum 15.12.2018 wieder auf 3.254 US-Dollar sank. Heute steht der Kurs bei 9.699 US-Dollar (Stand 21.02.2020).[86] Aufgrund der enormen Menge der kurzfristigen und langfristigen Preisschwankungen kann der Autor nicht auf alle eingehen. Von einem Vergleich gegenüber den jährlichen Inflationswerten sieht er ab, da der Preis von Bitcoin in jährlichen Zeitabschnitten enorme Schwankungen aufweist.

---

[85] Vgl. Finanzen.net 2020
[86] Vgl. ebd.

# 6 Bitcoin vs. Gold

## 6.1 Vergleich der Eigenschaften

Nachdem in Kapitel 3.2 und 5.1 die wichtigsten Eigenschaften von Gold und Bitcoin aufgezeigt wurden, möchte der Autor diese Eigenschaften gegenüberstellen, um Bitcoin mit Gold zu vergleichen.

**Haltbarkeit**: Im 5. Kapitel wurde nicht explizit auf die Haltbarkeit von Bitcoin eingegangen, dies soll an dieser Stelle geschehen. Wie bei Gold liegt auch bei Bitcoin eine enorme Haltbarkeit vor. Einzelne Bitcoins können nicht zerstört werden. Lediglich durch den Verlust des privaten Schlüssels kann es vorkommen, dass nicht mehr auf diese zugegriffen werden kann. Die Bitcoins existieren trotzdem auf der Adresse weiter. Auch bei einem Stillstand des kompletten Netzwerks durch einen weltweiten Stromausfall würden die Bitcoins nicht zerstört. Solange das Bitcoin-Protokoll und die Transaktionshistorie gesichert ist, kann dies weiter bestehen. Durch die Dezentralität des Systems wird dies gewährleistet.

**Seltenheit**: Bis Ende 2019 wurden insgesamt 197.576 Tonnen Gold gefördert. Dies entspricht theoretisch einer Menge von 6.352.926.945 Unzen. Bei einer Weltbevölkerung von ca. 7,71[87] Mrd. Menschen hätte bei einer gleichmäßigen Verteilung des Goldes auf alle Menschen jeder Mensch rechnerisch 0,82 Unzen Gold zur Verfügung. Dies entspricht einem Wert von 25,5 Gramm. Des Weiteren geht man davon aus, dass noch 55.000 Tonnen Gold in Zukunft überirdisch abbaubar sind und 100.000 Tonnen in Form von

---

[87] Vgl. Statista 2020

Bodenschätzen vorliegen.[88] Die kumulierte weltweit geförderte Goldmenge könnte somit auf 350.000 Tonnen ansteigen.[89] Setzt man das bereits abgebaute Gold in ein Verhältnis zu dem jemals abbaubaren Gold, so sind bereits 56,5 Prozent abgebaut. Unter der Annahme, alles Gold wäre abgebaut und gleichmäßig auf die Weltbevölkerung verteilt, würde jeder Mensch 1,46 Unzen erhalten. Dies entspricht 45,4 Gramm.

Bei Bitcoin muss die maximale Gesamtmenge anders als bei Gold nicht geschätzt werden, sondern ist auf 21 Mio. Bitcoin begrenzt. Zum jetzigen Zeitpunkt (Stand 23.02.2020) sind 18.233.325 Bitcoins im Umlauf. Geht man davon aus, dass jemals alle Bitcoins ausgeschüttet werden und setzt man die bereits ausgeschütteten Bitcoins in ein Verhältnis zu den insgesamt möglichen Bitcoins, so sind bereits 86,8 Prozent im Umlauf. Würde man alle bisher vorhandenen Bitcoins auf die Weltbevölkerung aufteilen, so könnte jeder Mensch 0,00272374 Bitcoins erhalten. Vergleicht man die Seltenheit von Gold von der mit Bitcoin, so ist Bitcoin seltener, da die maximale Anzahl mathematisch begrenzt ist. Bei Gold ist dies anders. Hier ist es möglich, dass neue Goldvorkommen gefunden werden oder ein Asteroid mit Gold auf der Erde landet.[90]

**Teilbarkeit**: Nicht nur die theoretisch mögliche Teilbarkeit spielt hier eine Rolle. Gold ist zwar ein sehr weiches Metall, allerdings ist es ohne Hilfsmittel nicht so einfach und genau zu teilen. Gold wird in

---

[88] Vgl. World Gold Council: Gold 2048: The next 30 years for Gold 2018, S. 28
[89] Vgl. Dehio 2020, S. 63
[90] Vgl. Koenig 2015, S. 96

verschiedenen Barren- und Münzgrößen am Markt angeboten. Gängige Größen für Barren sind 1, 10, 31,1, 50 und 100 Gramm.[91] Im Bereich der Münzen sind gängige Größen $1/20$ oz, $1/10$ oz, ¼ oz, ½ oz, 1 oz und 2 oz.[92] Gold kann zwar in kleinste Partikel wie Goldstaub geteilt werden, allerdings benötigt dies Hilfsmittel und Zeit. Im Gegensatz hierzu ist Bitcoin einfach und beliebig bis auf acht Nachkommastellen teilbar. Theoretisch könnte, mit Zustimmung von 51 Prozent des Netzwerks, die Teilbarkeit auf mehr Nachkommastellen erhöht werden.

**Transportfähigkeit**: Eine Unze wiegt 31,1 Gramm. Um einen Betrag von 50.000 Dollar mitzuführen, würde bei einem Goldpreis von 1.643 (Stand 22.02.2020, finanzen.net) US-Dollar ein Gewicht von ca. 946 Gramm anfallen. Bei größeren Mengen entstehen nicht nur Transportkosten, sondern auch Kosten für die Lagerung und Sicherung. Im Vergleich dazu ist Bitcoin „unsichtbar". Bis auf eine Hardware-Wallet liegen die Komponenten lediglich in digitaler Form vor. Man benötigt nur einen PC mit Internetzugang. Den privaten Schlüssel in Form des Seeds könnte man sich theoretisch im Kopf merken. Bitcoin ist somit im Gegensatz zu Gold sehr einfach transportabel, da es in digitaler Form und nicht in physischer Form vorliegt.

**Fungibilität**: Eine Einheit Gold ist durch die gleiche Einheit Gold ersetzbar. Das Gleiche trifft auf Bitcoin zu. Eine Menge Bitcoins ist durch die gleiche Menge Bitcoins ersetzbar. Anders als bei Gold kann allerdings jederzeit die Transaktionshistorie der versendeten

---

[91] Vgl. Gold.de (2) 2020
[92] Vgl. Goldpreis.de 2020

Bitcoins zurückverfolgt werden. Die sichtbaren Bitcoin-Adressen sind zwar insofern anonym, als sie ohne weitere Informationen keiner Person zugeordnet werden können. Kommt es jedoch dazu, dass die Bitcoins z.b. illegalen Geschäften zuzuordnen sind, könnten theoretisch diese Bitcoins als „beschmutzt" eingestuft werden. Diese „beschmutzten" Bitcoins könnten dann theoretisch vom Empfänger oder dem Netzwerk nicht mehr angenommen werden oder eine Transaktion von der Adresse könnte von den Minern nicht mehr bestätigt werden.

Anders ist dies bei Gold. Goldmünzen haben keine Seriennummer und können schwer über mehrere Transaktionen zurückverfolgt werden. Goldbarren haben teilweise eine Seriennummer, welche bei Transaktionen aufgeschrieben werden könnte. Gold weist somit eine sehr hohe Fungibilität auf, da es ähnlich wie Bargeld anonym verwendet werden kann. Bei Bitcoin kann diese Anonymität, wenn Adressen zugeordnet werden können, schnell verloren gehen. Dies könnte die Fungibilität, wie im Beispiel von illegalen Geschäften, stark einschränken.

**Fälschungssicherheit**: Im Gegensatz zu Goldmünzen und -barren war es bis heute nicht möglich Bitcoins zu fälschen. Angreifern ist es bis heute nicht gelungen, eine Doppel-Ausgabe oder eine 51-Prozent-Attacke erfolgreich durchzuführen. Das Gelingen einer solchen Attacke birgt allerdings ein viel höheres Risiko, da enorm viel Rechenkraft und Strom hierfür aufgewendet werden muss, als ein gefälschter Goldbarren. Das Vertrauen in das System und dessen Sicherheit würde sofort verloren gehen, was einen Preisverfall und den Verlust der Akzeptanz nach sich ziehen würde. Die Dezentralität des Systems stellt die wichtigste Komponente der Sicherheit und Zuverlässigkeit von Bitcoin dar. Miner schließen sich zwar zu Mining-Pools zusammen, um kollektiv die Chancen einen Block zu finden zu erhöhen. Allerdings hat noch kein Mining-Pool die Mehrheit von 51 Prozent erreicht, um theoretisch die Kontrolle über das Bitcoin-System zu erlangen.[93] Würde dieser Fall eintreten, könnte dies jedoch zu einer großen Unsicherheit im Netzwerk führen.

**Wertbeständigkeit**: In Kapitel 3.5 wurde bereits auf Gold und in Kapitel 5.6 auf Bitcoin und dessen Wertbeständigkeit eingegangen. Wie schon beschrieben verzeichnet Gold einen langfristigen Preisanstieg. Indes stieg der Goldpreis nicht immer über längere Zeitabschnitte. So fiel der Goldpreis ab dem Jahr 1980 von 850 US-Dollar über einen Zeitraum von zwei Jahrzehnten bis auf einen Preis von 256 US-Dollar im Jahr 2001. Betrachtet man aber den Zeitabschnitt von 1970 bis 2011, so lag die durchschnittliche nominale Goldpreissteigerung bei 9,5 Prozent pro Jahr. Im Zeitraum von 1970 bis 2018 betrug Wert 7,7 Prozent.[94] Preisaufschwünge und -abschwünge fanden hierbei immer in einem größeren zeitlichen Abschnitt statt. Anders ist dies bei Bitcoin. Zwar entwickelt sich der Preis von Bitcoin langfristig positiv, jedoch zeigte der Bitcoin-Preis im Laufe seiner Geschichte des Öfteren hohe Wertverluste in kürzeren Zeitabschnitten. Kursschwankungen von 30 bis 50 Prozent innerhalb weniger Tage sind keine Seltenheit.[95] Ein solch rascher und hoher Preisverfall stellt dagegen im Goldmarkt eine Seltenheit dar. Zwar sank der Preis z.B. im Jahr 2008 im Zuge der Finanzkrise um 29,5 Prozent, jedoch geschah dies in

---

[93] Vgl. o.V. Hashratverteilung 2020
[94] Vgl. Dehio 2020, S. 59
[95] Vgl. Campbell 2017

einem Zeitraum von sieben Monaten.[96] Gold erweist sich unter dem Aspekt der Wertaufbewahrung als wesentlich zuverlässiger als Bitcoin. Durch die hohen Preisschwankungen kann bei Bitcoin kein Werterhalt gewährleistet werden, da sich dieser in sehr kurzer Zeit extrem negativ verändern kann, welches durch die Historie belegbar ist. In Kapitel 6.3 soll auf diese Volatilität noch genauer eingegangen werden.

Einer der Gründe für die enormen Preisschwankungen ist die geringe Marktkapitalisierung in Höhe von 204 Mrd. US-Dollar (Stand 22.02.2020) des Bitcoin-Marktes. Mengen von wenigen tausend Bitcoins, welche gleichzeitig verkauft würden, würden zu einer Reduzierung des Marktpreises führen. Die Marktkapitalisierung von Gold hingegen ist viel höher. Berechnet man diese anhand des Preises von 1.643 US-Dollar (Stand 22.02.2020) und der bereits abgebauten Goldmenge, so beläuft sie sich auf 10,5 Bio. US-Dollar.

## 6.2 Stock to Flow Ratio

Der Indikator Stock to Flow Ratio findet seinen Ursprung in der Rohstoffanalyse und dient zur Preisbewertung von Rohstoffen. Stock steht hierbei für den aktuellen Lagerbestand eines Rohstoffs und somit für die insgesamt abgebaute und am Markt verfügbare Menge des Rohstoffs. Der Flow steht für die jährlich neu geförderte bzw. produzierte Menge des Rohstoffs. Setzt man nun den Flow in ein Verhältnis (Ratio) mit dem Stock, erhält man die Zeit, welche es benötigt, um mit

---

[96] Vgl. Clark 2020

der aktuellen Produktionsmenge den derzeit vorhandenen Lagerbestand zu erreichen.[97]

In Kapitel 3 wurden bereits die Seltenheit und die jährliche Produktionsrate von Gold erläutert. Da sich geschichtlich gesehen ein Zusammenhang zwischen dem Marktwert eines Rohstoffs und dessen Verhältnis von Bestand zu neuem Angebot zeigt, möchte der Autor nun die Stock to Flow Ratio von Gold mit der von Bitcoin vergleichen.

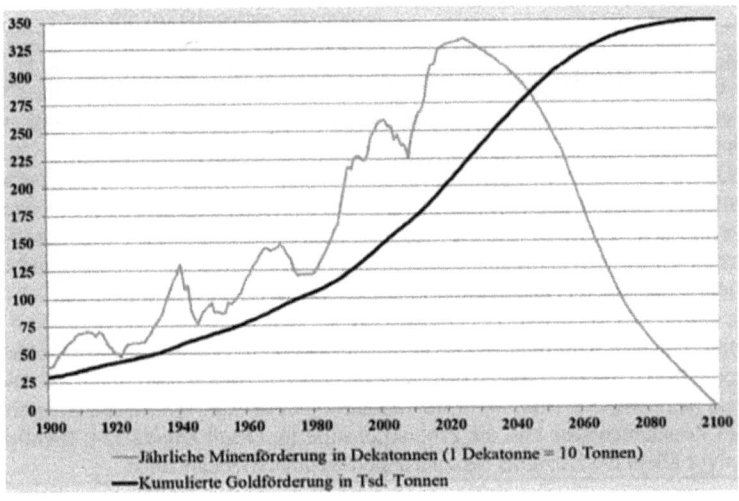

Abbildung 10: Prognose der künftigen Goldminenförderung[98]

Das Diagramm in Abbildung 10 zeigt die jährliche Minenförderung und die kumulierte geförderte Gesamtmenge an Gold. Zudem simuliert die Abbildung die zukünftige Goldminenförderung weltweit.

---

[97] Vgl. Onvista 2019
[98] Vgl. Dehio 2020, S. 62

Es ist zu sehen, wie die jährliche Produktion seit dem Jahr 1900 langfristig ansteigt. Experten gehen in ihren Schätzungen davon aus, dass die jährliche Minenförderung nahe dem Maximum liegt und nach dem Jahr 2025 kontinuierlich fallen wird. Dies beruht auf der Schätzung des noch vorhandenen unterirdischen Goldes, der Schätzung der Gesamtvorkommen und der Entwicklung der historischen jährlichen Minenförderung. Auch sind einige führende Goldförderländer mit der Goldproduktion an ihrem Maximum angelangt. Zudem liegt der Höhepunkt des Auffindens von Goldlagerstätten schon über 30 Jahre zurück.[99]

Bei einem Stock von 197.576 Tonnen und einem Flow von 3463,7 Tonnen, entspricht dies einer Stock to Flow Ratio von 57,0 Jahren. Gold ist somit der am schwersten zu vermehrende Rohstoff in Bezug auf seinen aktuellen Lagerbestand.

Anders als bei Gold ist bei Bitcoin die Stock to Flow Ratio genau berechenbar. Während sich bei Gold die Werte auf Schätzungen beziehen, sind bei Bitcoin die Variablen im Algorithmus vorgegeben.

---

[99] Vgl. ebd., S. 61-63

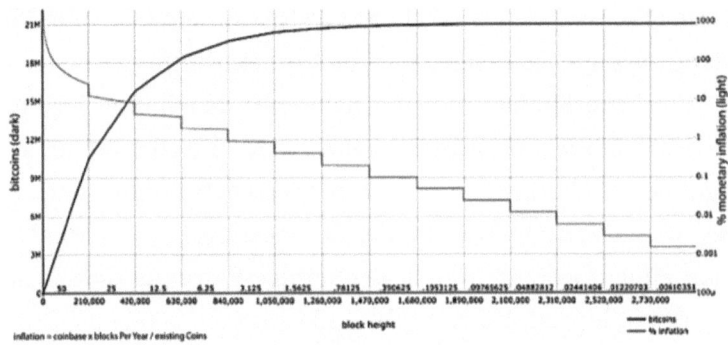

Abbildung 11: Entwicklung der Bitcoin-Gesamtmenge und Block-Belohnung[100]

Die Abbildung 11 zeigt die ausgeschütteten Bitcoins pro neuen Block und die kumulierte Menge aller ausgeschütteten Bitcoins.

Die maximale Anzahl aller Bitcoins ist auf 21.000.000 Bitcoins limitiert. Zu Beginn erhielt der Finder eines neuen Blocks eine Belohnung von 50 Bitcoins. Alle 210.000 Blöcke wird die Anzahl der ausgeschütteten Bitcoins pro neuen Block halbiert. Im Schnitt wird alle 10 Minuten ein neuer Block gefunden und diese Rate wird durch die Anpassung der Schwierigkeit alle zwei Wochen konstant gehalten. Somit wird die Belohnung für das Finden eines Blocks etwa alle vier Jahre halbiert. Die Halbierungen, von 50 auf 25 und 25 auf 12,5 Bitcoins ereigneten sich am 28.11.2012 und am 09.07.2016. Als Nächstes wird die Halbierung von 12,5 auf 6,25 im zweiten Quartal 2020 erfolgen.[101]

---

[100] Vgl. Friedrich; Weik 2019, S. 450
[101] Vgl. Ammous 2018, S. 178

Der aktuelle Stock von 18.233.325 Bitcoins wird durch einen Flow, von aktuell 12,5 Bitcoins pro Block im Schnitt alle 10 Minuten, erhöht. Hieraus ergibt sich eine Stock to Flow Ratio von 27,8. Allerdings wird sich diese im zweiten Quartal 2020 auf einen Wert von etwa 55,5 erhöhen, wenn der Flow auf 6,25 Bitcoins pro Block reduziert wird. Dieser ist lediglich um einen Wert von 1,5 kleiner als der von Gold. Im Jahr 2024 wird Bitcoin eine Stock to Flow Ratio aufweisen, welche die Ratio von Gold bei weitem übertrifft.

Aufgrund der Halbierung der Ausschüttung an Bitcoins pro Block alle vier Jahre unterscheidet sich die Stock to Flow Ratio von Bitcoin signifikant von der von Gold. Bei Gold wird die Stock to Flow Ratio durch den Preis beeinflusst. Der Preis regelt sich bei Gold durch Angebot und Nachfrage. Kommt es zu einem Nachfrageüberhang, so steigt der Preis. Durch einen höheren Goldpreis erwirtschaften die Minengesellschaften mehr Gewinn und haben den Anreiz mehr Gold zu fördern bzw. zu produzieren. Bei einem höheren Preis ist es wirtschaftlich rentabel, Gold auch aus weniger angereicherten Vorkommen zu fördern und höhere Kosten in Kauf zu nehmen, um die Produktion auszuweiten.[102] Somit kommt es dazu, dass der Flow prozentual mehr steigt als der Stock. Somit sinkt die Stock to Flow Ratio. Geht die Nachfrage nun zurück, kommt es zum Angebotsüberhang. Es wird folglich weniger Gold gefördert, der Flow verringert sich und die Ratio steigt.

Anders ist dies bei Bitcoin. Durch die stetige Anpassung der Mining-Schwierigkeit bleibt der Flow unverändert. Ein Nachfrageüberhang

---

[102] Vgl. Bayerische Landesbank 2019, S. 1

würde zwar einen steigenden Bitcoin-Preis nach sich ziehen und mehr Miner könnten auch bei höheren Kosten rentabel Bitcoins schöpfen, was eine Steigerung der Hash-Rate nach sich zieht. Durch die Anpassung der Mining-Schwierigkeit wird es aber schwieriger einen Block zu finden, also bleibt der Flow konstant. Der wachsende Stock und der konstante Flow ziehen eine stetig steigende Stock to Flow Ratio nach sich, welche sich zusätzlich alle vier Jahre verdoppelt.

Dieser Aspekt macht Bitcoin in ausschließlicher Betrachtung der Stock to Flow Ratio langfristig zu einem besseren Wertaufbewahrungsmittel als Gold. Historisch gesehen ist Gold allerdings das Gut mit der höchsten Stock to Flow Ratio und wurde aufgrund dessen als Geld benutzt und dient bis heute als Wertaufbewahrungsmittel.[103]

## 6.3 Volatilität

Der Begriff Volatilität stammt von dem lateinischen Wort „volatilis" ab und bedeutet flüchtig oder veränderlich. Er bezeichnet das Maß für die Schwankungsintensität eines Kurses in einem bestimmten Zeitraum. Die Volatilität entspricht der statistischen Standardabweichung.[104] Sie beschreibt die eingetretene Schwankungsbreite einer zufälligen Variablen, in diesem Fall des Gold- und Bitcoin-Kurses, um deren Mittelwert.

---

[103] Vgl. ebd.
[104] Vgl. Kyrer 2017, S. 614

Möchte man die Kaufkraft eines Wertaufbewahrungsmittels einsetzen, so ist es essentiell, dass sich diese in der Zeitspanne der Aufbewahrung bis zur Veräußerung nicht wesentlich verringert. Die Volatilität gibt an, wie wahrscheinlich und in welchem Maße eine Preisänderung in der Vergangenheit eingetreten ist, und prognostiziert dieses Risiko für die Zukunft.

Im Folgenden möchte der Autor die historische Volatilität von Gold und Bitcoin in verschiedenen Zeitabschnitten berechnen und gegenüberstellen. Um die Kennzahlen zu berechnen, werden die historischen Daten der Internetplattform Finanzen.net verwendet. Zur Berechnung werden hierbei die monatlichen Renditen, aus den Schlusskursen des jeweils ersten Monatswertes von April 2015 bis März 2020, herangezogen. Aus diesen Werten werden die Standardabweichungen für die Zeitintervalle von 6, 12, 36 und 60 Monaten gebildet.

Aufgrund der berechneten Werte ist klar zu erkennen, dass Bitcoin eine signifikant höhere Volatilität aufweist als Gold. Die Volatilität von Bitcoin in den letzten sechs Monaten bis März beträgt 17,1 Prozent. Das bedeutet, dass der Wert von Bitcoin während dieser sechs Monate im Durchschnitt um 17,1 Prozent abgewichen ist. Der Wert für Gold liegt hingegen im gleichen Zeitraum bei 3,7 Prozent. In einem Zeitraum von 12, 36 und 60 Monaten beträgt die monatliche Volatilität bei Bitcoin 22,1 Prozent, 28,6 Prozent und 23,8 Prozent. Bei Gold hingegen betragen die Werte im gleichen Zeitraum lediglich 3,3 Prozent, 2,8 Prozent und 3,8 Prozent. Die durchschnittliche monatliche Schwankungsbreite von Bitcoin ist im Vergleich zu Gold um ein Vielfaches höher.

# 7 Umfrage

## 7.1 Auswahl der Thematik

Der Schwerpunkt dieser Arbeit ist die Untersuchung, ob Bitcoin als Wertspeicher fungieren kann. Ein Medium kann nur als Wertaufbewahrungsmittel eingesetzt werden, wenn es allgemein anerkannt ist und ihm langfristig ein Wert zugeschrieben wird. Im Rahmen einer Umfrage soll erforscht werden, ob Bitcoin, gemäß der subjektiven Wahrnehmung der Befragten, diese Kriterien erfüllt. Die Umfrage wurde mittels der Webseite umfrageonline.com erstellt und durchgeführt.

Mit Hilfe der Umfrage sollen die Bekanntheit von Bitcoin und die Informiertheit der Befragten über Bitcoin gemessen werden. Zudem sollen die Einstellung und die Akzeptanz der Befragten gegenüber Gold und Bitcoin gemessen und miteinander verglichen werden. Darüber hinaus möchte der Autor die Akzeptanz und Verwendung von Gold und Bitcoin in Bezug zu soziodemographischen Faktoren setzen.

## 7.2 Methoden der Erhebung

Die Datenerhebung der vorliegenden Arbeit erfolgt in Form einer Onlinebefragung. Hierbei werden Fragen gestellt über die Einstellungen, die Überzeugungen, die Meinungen, die Eigenschaften und das Verhalten der Befragten in Bezug auf Bitcoin und Gold. Ferner werden soziodemographische Fragen gestellt. Dadurch, dass die Befragung online erfolgt, kann diese anonym durchgeführt werden. So wird von einem hohen Wahrheitsgehalt der Antworten ausgegangen, von welchem bei anderen Befragungsmethoden nicht ausgegangen werden kann, da die Befragung auch sensible Finanzdaten erfasst. Vorteile dieser Methode sind der geringe Zeit- und Personalaufwand sowie die geringen anfallenden Kosten und die weite Reichweite der Befragung. Des Weiteren haben das Verhalten, die Merkmale und die Ideologie des Forschers keinen Einfluss auf die Antworten der Befragten.

Ein wichtiger Bestandteil der Umfrage ist die Messung der Einstellung der Befragten gegenüber den Medien Gold und Bitcoin. Hierzu muss eine Untersuchungsmethode ausgewählt werden, welche es ermöglicht, beide Einstellungsobjekte miteinander zu vergleichen. Unter den bewährtesten Methoden der mehrdimensionalen Einstellungs- messung befindet sich das semantische Differential. Das semantische Differential wurde von Charles E. Osgood, George J. Suci und Percy Tannenbaum 1957 entwickelt.[105] Dieses Verfahren ist darauf ausgelegt, die Bedeutung von Wörtern und die damit verbundenen Assoziationen zu erfassen.[106] Beim semantischen Differential werden den Befragten Gegensatzpaare von Eigenschaftswörtern vorgegeben wie z.B. gut und schlecht. Die Adjektive werden der Tabelle nach Hempel[107] entnommen. Als Antwortmöglichkeit hat der Befragte eine bipolare Valenzskala, welche in dieser Befragung eine Abstufung von fünf Stufen aufweist.[108]

---

[105] Vgl. Lewin 1986, S. 171
[106] Vgl. Gebele 2002, S. 40
[107] Vgl. Hempel 2001, S. 58
[108] Vgl. Kallus 2016, S. 51-52

## 7.3 Gütekriterien

Im folgenden Kapitel werden Gütekriterien, welche notwendige Bedingungen von wissenschaftlichen Datenerhebungen sind, näher erläutert. „Die Erhebung möglichst exakter und fehlerfreier Messwerte ist das Ziel eines Messvorgangs."[109] In der Forschungspraxis kann dieses Ziel oft nicht vollständig erreicht werden, da Messfehler nicht auszuschließen sind. Um Messfehler gering zu halten und die erhobenen Daten dennoch fundiert zu interpretieren, sollten Messungen objektiv, zuverlässig und gültig sein.[110] Empirische Messungen oder Tests sowie Befragungen richten sich nach drei Hauptgütekriterien. Diese sind die Objektivität, die Reliabilität und die Validität.

**Reliabilität**: Die Reliabilität gibt die Zuverlässigkeit eines Messvorgangs bzw. die Messgenauigkeit eines Messinstruments an. Sie ist gegeben, wenn unter vergleichbaren Bedingungen gleiche Resultate erzielt werden.[111] Hierzu gibt es verschiedene Methoden wie die Paralleltestmethode und die Split-half-Methode. Bei der Paralleltestmethode werden zum gleichen Zeitpunkt zwei vergleichbare Messungen mit verschiedenen Items durchgeführt. Bei der Split-half-Methode wird das Messinstrument, welches aus mehreren Indikatoren besteht, in zwei Hälften aufgeteilt. Die Reliabilität wird dann aus der Korrelation zwischen den beiden Hälften errechnet.[112] Aussagen

---

[109] Azizi Ghanbari 2011, S. 24
[110] Vgl. Raithel 2006, S. 42
[111] Vgl. Lewin 1986, S. 77
[112] Vgl. Azizi Ghanbari 2011, S. 27-28

über die Reliabilität der Onlinebefragung können nicht getroffen werden, da keine Wiederholungsmessungen durchgeführt werden.

**Validität**: Die Validität (Gültigkeit) gibt an, ob mit den erhobenen Daten das gemessen wird, was gemessen werden soll. Die in der Wissenschaft gängigsten Formen der Validitätsprüfung sind die Inhaltsvalidität, die Kriteriumsvalidität und die Konstruktvalidität. Die Inhaltsvalidität gibt an, wie vollumfänglich das Messverfahren die zu messende Größen und alle wichtigen Aspekte des zu messenden Bereichs misst.[113] „Ein Intelligenztest, der Inhaltsvalide ist, umfaßt alle wichtigen Aspekte der Intelligenz."[114] Bei der Kriteriumsvalidität wird das Testergebnis überprüft, indem es mit einem Außenkriterium verglichen wird. Dabei kann beobachtetes Verhalten mit dem Verhalten, das aus der Messung von Einstellung prognostiziert wurde, korrelieren (Vorhersagevalidität) oder Einstellungen und Verhalten werden gleichzeitig gemessen (Übereinstimmungsvalidität).[115] Da Inhaltsvalidität und Konstruktvalidität kaum aufschlussreich sind, werden sie nur selten angewendet. Vielmehr wird die Konstruktvalidität als dritte Form angewandt.[116] „Von Konstruktvalidität wird gesprochen, wenn aus dem Konstrukt empirisch überprüfbare Aussagen über Zusammenhänge dieses Konstruktes mit anderen Konstrukten theoretisch hergeleitet werden können und wenn sich diese Zusammenhänge empirisch nachweisen lassen."[117] Die

---

[113] Vgl. Lewin 1986, S. 81
[114] Lewin 1986, S. 81
[115] Vgl. Raithel 2006, S. 44
[116] Vgl. Azizi Ghanbari 2011, S. 31
[117] Azizi Ghanbari 2011, S. 31

quantitative Datenerhebung zeichnet sich generell durch eine hohe Objektivität und Vergleichbarkeit der Messergebnisse aus, da die Daten der Befragten unter den gleichen Bedingungen erhoben werden.[118] Der Autor bezieht alle relevanten theoretischen Aspekte zur Erstellung der Umfrage und der einzelnen Items mit ein.

**Objektivität:** Die Objektivität eines Untersuchungsergebnisses ist dann gegeben, wenn die wissenschaftliche Aussage unabhängig von subjektiven Einschätzungen und Bewertungen ist.[119] Die Objektivität der Onlinebefragung ist somit gegeben, da die Antworten der Befragten unabhängig vom Forschungsleiter sind.

## 7.4 Auswahl der Stichprobe

Die Befragung wird in der Facebook-Gruppe „Aktien, Börse & Finanzen – Community" durchgeführt, welche zu Beginn der Umfrage am 27.02.2020 aus 20.341 Mitgliedern besteht. Diese Onlinegruppe beinhaltet Personen, welche sich für Finanzthemen interessieren und sich über diese informieren und austauschen. Bei den Personen aus der Zielgruppe ist davon auszugehen, dass die Mehrheit sich mit dem Edelmetall Gold als physischer Anlageform auseinandergesetzt hat. Zudem vermutet der Autor, dass diese Personen Interesse an Themen wie Kapitalaufbau und Vermögenserhalt haben und gleichzeitig Onlinemedien nutzen und sich mit höherer Wahrscheinlichkeit mit dem Thema Bitcoin auseinandergesetzt haben. Aufgrund der Auswahl der Zielgruppe kann es allerdings zu Verzerrungen kommen, da

---

[118] Vgl. Raithel 2006, S. 44
[119] Vgl. Azizi Ghanbari 2011, S. 24-26

Personen, welche überwiegend online anzutreffen sind, eventuell eine höhere Akzeptanz zu Bitcoin aufweisen. Die Befragung wird in einem Zeitraum von vier Wochen online gestellt.

## 7.5 Aufbau der Umfrage

In diesem Kapitel sollen die grundlegenden Fragestellungen und der Aufbau der Befragung erläutert werden.

---

**Forschungsfrage 1**: Kann Bitcoin als Wertaufbewahrungsmittel fungieren?

1. Wie groß ist die Bekanntheit von Bitcoin und wie informiert sind die Befragten über Bitcoin?
2. Wie ist die Einstellung gegenüber Bitcoin?
   - positiv oder negativ besetzt?
   - wie stark ist das Vertrauen und die empfundene Sicherheit?
   - wie groß ist der empfundene Werterhalt?
3. Würden die Befragten Bitcoin als Wertaufbewahrungsmittel nutzen?

**Forschungsfrage 2**: Wie ist die Akzeptanz gegenüber Gold im Vergleich zu Bitcoin?

1. Haben sich die Befragten mit dem Thema physisches Gold als Anlageform auseinandergesetzt?
2. Wie ist die Einstellung gegenüber Gold? (siehe Forschungsfrage 1 Punkt 2)
3. Würden die Befragten Gold zu Wertaufbewahrungszwecken nutzen?

**Forschungsfrage 3**: Wie ist die Akzeptanz von Bitcoin und Gold unter Berücksichtigung von soziodemographischen Faktoren?

   - Geschlecht
   - Alter
   - Bildungsstand

---

Abbildung 12: Forschungsfragen

Abbildung 12 zeigt die drei Forschungsfragen, welche im Zuge der Umfrage beantwortet werden sollen. Die Forschungsfrage 1 dient dazu, die Bekanntheit von Bitcoin und die Informiertheit der Befragten über Bitcoin zu messen. Zudem soll die Einstellung der Befragten gegenüber Bitcoin und der empfundene Werterhalt erfasst werden. Dies soll Aufschluss darüber geben, ob Bitcoin als Wertaufbewahrungsmittel fungieren kann. Forschungsfrage 2 enthält die gleichen Items. Im Rahmen der Umfrage werden 18 Fragen gestellt. Für die Beantwortung der Fragen haben 10 Testpersonen in einem Testdurchlauf im Schnitt fünf Minuten benötigt. Der Autor hat sich dazu entschieden zu Beginn Fragen über Bitcoin zu stellen, um die Spannung der Befragten aufrechtzuerhalten und ihr Interesse zu wecken. Als Nächstes werden Fragen zu Gold gestellt und als Letztes soziodemographische Fragen, da diese für die Befragten als uninteressant empfunden werden könnten und gleich zu Beginn zu einem Abbruch der Umfrage führen könnten.

# 8 Auswertung

Die Onlineumfrage „Gold 2.0: Bitcoin als digitaler Wertspeicher?" wurde wie geplant vier Wochen, im Zeitraum vom 27.02.2020 bis 26.03.2020, in der Facebook-Gruppe „Aktien, Börse & Finanzen – Community" veröffentlicht. In dieser Zeit muss berücksichtigt werden, dass mit dem Ausbruch der Coronavirus-Pandemie die Nachfrage an physischen Edelmetallen stark angestiegen ist. Dies könnte zu einer Verzerrung der Umfrageergebnisse geführt haben, welche sich positiv auf Gold auswirkt.

Insgesamt nahmen an der Umfrage 222 Personen teil, wovon 204 Personen die Umfrage bis zum Ende durchführten. Die Auswertung bezieht sich ausschließlich auf die 204 komplett beantworteten Befragungen. Hierbei waren 39,2 Prozent der Befragten weiblichen und 60,8 Prozent der Befragten männlichen Geschlechts. 10,3 Prozent der Befragten besitzen einen Volksschulabschluss, 11,3 Prozent eine Fachoberschulreife, 19,1 Prozent haben die Fachhochschulreife, 13,7 Prozent die Hochschulreife und 39,7 Prozent haben einen Hochschulabschluss erlangt. 5,9 Prozent geben an, einen anderen Abschluss zu besitzen. Zudem sind 18,6 Prozent der Befragten im Alter von 18 bis 25 Jahre alt, 36,8 Prozent sind zwischen 26 und 34 Jahre alt, 22,1 Prozent sind zwischen 35 und 44 Jahre alt, 11,8 Prozent sind zwischen 45 und 54 Jahre und 9,8 Prozent befinden sich in einem Alter von 55 bis 64 Jahren. Ein unerheblicher Anteil von 0,5 Prozent ist unter 18 oder über 65 Jahre alt.

Um die **Forschungsfrage 1** zu klären, ob Bitcoin subjektiv als Wertaufbewahrungsmittel wahrgenommen wird, wurden die Fragen 1 bis 9 des Fragenbogens[120] ausgewertet.

Die erste Frage befasste sich mit dem Bekanntheitsgrad von Bitcoin. Die Teilnehmer wurden gefragt, ob sie vor dieser Umfrage schon von Bitcoin gehört hatten. Dies konnten 90,7 Prozent der Befragten positiv beantworten.

Die zweite Frage in Abbildung 13 beinhaltet die subjektive Einschätzung der Teilnehmer, wie gut sich diese mit dem Thema Bitcoin auskennen. Hierbei zeigt sich, dass die Hälfte der Befragten angab, sich wenig (30,9 Prozent) bis nicht (19,1 Prozent) mit dem Thema Bitcoin auszukennen. Hingegen gaben 28,4 Prozent an, sich mittelmäßig auszukennen. Lediglich 5,9 Prozent gaben an sich sehr auszukennen.

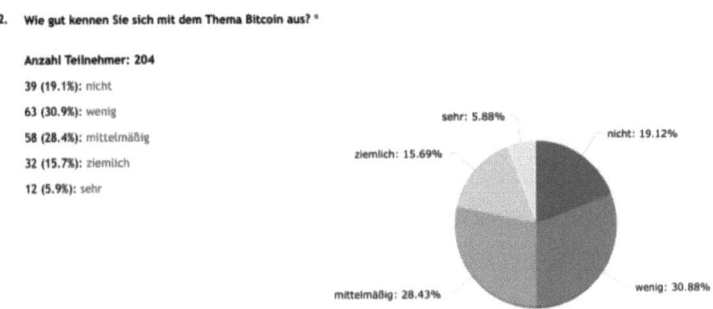

Abbildung 13: Bekanntheit von Bitcoin bei den Befragten

Ein ähnliches Bild ergibt sich bei Frage 3, ob sich die Befragten über die Funktionalitäten von Bitcoin informiert haben. Hier beantworteten 25 Prozent der Befragten die Frage mit „nicht", 27,5 Prozent mit

---

[120] Vgl. Anhang: Umfrage.

# Auswertung

„wenig", 22,1 Prozent mit „mittelmäßig", 17,6 Prozent mit „ziemlich" und lediglich 7,8 Prozent gaben an sich „sehr" auszukennen.

Die vierte Frage, welche als Kontrollfrage fungiert: „Welche Beschreibung passt auf Bitcoin am besten?", konnten 83,3 Prozent der Befragten richtig beantworten.

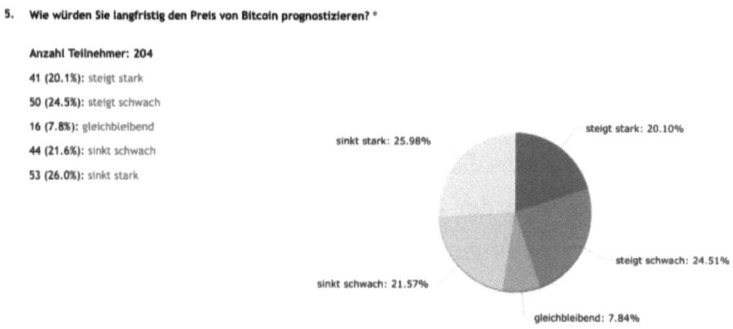

Abbildung 14: Preisprognose der Befragten für Bitcoin

Frage 5 in Abbildung 14 zielt auf die subjektive Einschätzung der Befragten ab, wie sich der Preis von Bitcoin langfristig entwickeln wird. Die Fragestellung fragt nach dem prognostizierten Preis von Bitcoin, allerdings ist dies verbunden mit dem subjektiven Wertempfinden der Befragten. Eine Prognose über einen steigenden Preis kann als Vertrauen in den Werterhalt von Bitcoin interpretiert werden. 44,6 Prozent der Befragten glauben daran, dass der Preis von Bitcoin langfristig steigen wird, und 52,4 Prozent meinen, dass der Preis steigt oder stabil bleibt. 47,6 Prozent hingegen glauben an einen langfristig fallenden Preis.

Die Fragen 6 und 8 zielen auf die Verbreitung von Bitcoin ab. 16,7 Prozent der Befragten besitzen Bitcoins. 83,3 Prozent hingegen geben an keine zu besitzen. Von diesen 83,3 Prozent planen lediglich 10,6 Prozent Bitcoins, käuflich zu erwerben.

Frage 9 misst die Einstellung der Befragten gegenüber Bitcoin. Hierzu werden drei Skalen generiert: Positivität, Vertrauen sowie Sicherheit und Wertaufbewahrung. Die Skalen Positivität sowie Vertrauen und Sicherheit enthalten jeweils fünf Items, welche in Abbildung 15 ersichtlich sind. Die Skala Wertaufbewahrung bekommt vier Items. Aus den Items der Skalen wird jeweils ein Index berechnet, indem der Mittelwert der Items errechnet wird. Jeder Index bzw. jede Skala verkörpert einen Teilbereich der Einstellung zu Bitcoin. Ein Wert von 1 zeigt eine starke Positivität und ein Wert von 5 eine starke Negativität.

| Skala | Item | Mittlere Einstellung | Standardabweichung |
| --- | --- | --- | --- |
| 1. Positivität | vorteilhaft, angenehm, gut, mächtig, glücklich | 3,10 | 1,03 |
| 2. Vertrauen und Sicherheit | sicher, glaubwürdig, ruhig, ehrlich, zuverlässig | 3,46 | 1,04 |
| 3. Wertaufbewahrung | wertvoll, bedeutsam, langlebig, werterhaltend | 3,26 | 1,19 |

Abbildung 15: Skalen der Einstellung zu Bitcoin

In Bezug auf die Skala Positivität errechnen sich eine mittlere Einstellung von 3,10 und eine Standardabweichung (SD) von 1,03. Die befragten Personen beschreiben sich also weder positiv, wenn sie an

Bitcoin denken, noch schildern sie ihre Gedanken als negativ. Die Skala Vertrauen und Sicherheit ist mit einem Wert von 3,46 am schlechtesten bewertet. Der Wert zeigt eine Tendenz zur Negativität. Die dritte Skala weist eine mittlere Einstellung von 3,26 auf. Dieser Wert ist durchschnittlich, also weder positiv noch negativ. Der Wert für SD ist hierbei allerdings am höchsten; dies sagt aus, dass sich die Befragten hierbei uneinig sind.

Alle drei Skalen zeigen somit aufgrund der ermittelten Werte eine ähnliche Einstellung zu Bitcoin auf.

Frage 7 erfasst die Bereitschaft der Befragten, ob sie Bitcoin als Wertaufbewahrungsmittel nutzen würden.

Abbildung 16: Bereitschaft der Befragten Bitcoin zur Wertaufbewahrung zu nutzen

Fast die Hälfte der Befragten (47,5 Prozent) geben an, Bitcoin nicht zu Zwecken der Wertaufbewahrung zu nutzen. Zudem antworteten 22,1 Prozent mit „trifft eher nicht zu". Lediglich 5,4 Prozent antworteten mit „trifft zu". Dies signalisiert eine hohe Inakzeptanz der Befragten gegenüber Bitcoin als Wertaufbewahrungsmittel.

## Auswertung

**Forschungsfrage 2** misst die subjektiv empfundene Akzeptanz von Gold als Wertaufbewahrungsmittel. Zudem wird die Einstellung gegenüber Gold erfasst, um diese mit der Einstellung gegenüber Bitcoin zu vergleichen.

Frage 10 beinhaltet, ob die Befragten sich mit dem Thema physisches Gold zur Nutzung zu Anlagezwecken auseinandergesetzt haben. 23 Prozent konnten diese Frage mit „trifft" zu und 35,8 Prozent mit „trifft eher zu" beantworten. Lediglich 13,7 Prozent antworteten mit „trifft nicht zu".

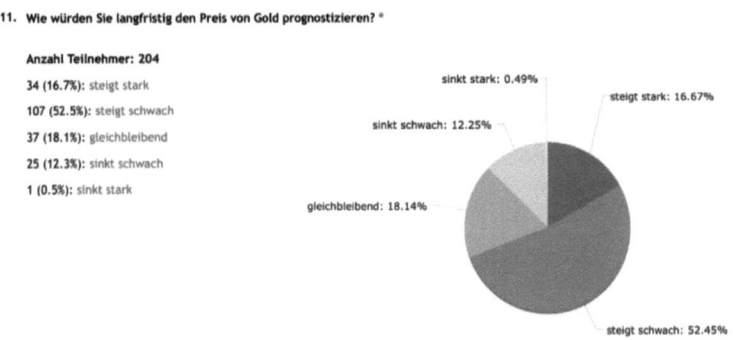

Abbildung 17: Preisprognose der Befragten für Gold

Frage 11 gibt Aufschluss über die subjektive Einschätzung der Befragten, wie sich der Preis von Bitcoin langfristig entwickeln wird. 52,5 Prozent geben an, dass der Preis von Gold langfristig schwach steigt. Insgesamt glauben 69,2 Prozent an einen langfristig steigenden Goldpreis. Nur 0,5 Prozent gehen davon aus, dass der Goldpreis langfristig stark sinkt. Dies spricht für ein hohes Vertrauen in die Wertigkeit von Gold.

Die Fragen 12 und 14 zielen auf die Verbreitung von Gold ab. 34,3 Prozent der Befragten besitzen Gold in Form von Münzen oder Barren. 65,7 Prozent der Befragten geben an, kein Gold zu besitzen. Von diesen 65,7 Prozent geben 26,1 Prozent der Befragten an, Gold erwerben zu wollen.

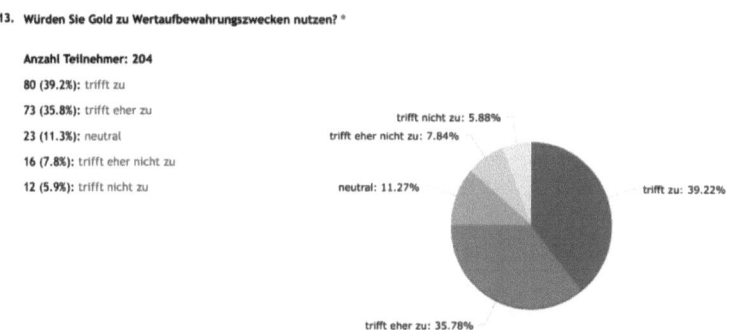

Abbildung 18: Bereitschaft der Befragten Gold zur Wertaufbewahrung zu nutzen

Frage 13 in Abbildung 18 erfasst die Bereitschaft der Befragten Gold als Wertaufbewahrungsmittel zu nutzen. Die Antworten liefern ein klares Ergebnis: 39,2 Prozent der Befragten geben an, dass sie Gold zu Wertaufbewahrungszwecken nutzen würden. Genau drei Viertel der Befragten beantworteten die Frage mit „trifft zu" oder „trifft eher zu". Nur 7,8 Prozent antworteten mit „trifft eher nicht zu" und lediglich 5,4 Prozent mit „trifft nicht zu". Dies signalisiert eine hohe Akzeptanz der Befragten gegenüber Gold als Wertaufbewahrungsmittel.

Nach dem gleichen Schema wie bei Frage 9 misst Frage 15 die Einstellung der Befragten gegenüber Gold. Die Skalen und die Items sind hierbei gleich.

Auswertung

| Skala | Item | Mittlere Einstellung | Standard-abweichung |
|---|---|---|---|
| 1. Positivität | vorteilhaft, angenehm, gut, mächtig, glücklich | 2,00 | 0,92 |
| 2. Vertrauen und Sicherheit | sicher, glaubwürdig, ruhig, ehrlich, zuverlässig | 1,96 | 0,92 |
| 3. Wertaufbewahrung | wertvoll, bedeutsam, langlebig, werterhaltend | 1,59 | 0,85 |

Abbildung 19: Skalen der Einstellung zu Gold

Die für die Positivität errechnete mittlere Einstellung für Gold beträgt 2,0 und der Wert für SD ist 0,92. Die Skala ist somit positiv bewertet. Das heißt, die Befragten beschreiben Gold als eher positiv. Die Skala Vertrauen und Sicherheit ist mit einem Wert von 1,96 ähnlich positiv bewertet. Hier beurteilen die Befragten Gold eher als glaubwürdig, zuverlässig und sicher. In der dritten Skala, der Wertaufbewahrung, bewerten die Befragten Gold sehr positiv. Mit einer mittleren Einstellung von 1,59 und SD von 0,85 ist dies nicht nur der positivste Wert, sondern auch die Skala mit der geringsten Standardabweichung. Das heißt, die Befragten sind sich hier sehr einig.

**Forschungsfrage 3** betrachtet die Akzeptanz von Bitcoin und Gold in Bezug auf soziodemographische Faktoren. Der Autor untersucht hier, ob es Unterschiede bei der Informiertheit und dem Besitz von Bitcoin und Gold nach Geschlecht, Alter und Bildungsgrad gibt. Zudem möchte der Autor aufgrund dieser Faktoren vergleichen, ob die Befragten Gold oder Bitcoin als Wertaufbewahrungsmittel nutzen würden.

Bei den Befragten, welche ein Alter von 25 oder jünger aufweisen, ist ein größeres Interesse an Bitcoin zu erkennen als bei den Befragten, welche im Alter von 45 Jahren und älter sind. So geben 94,9 Prozent an, schon vor der Umfrage von Bitcoin gehört zu haben, 20,5 Prozent kennen sich ziemlich bis sehr mit Bitcoin aus und 33,3 Prozent haben sich ziemlich bis sehr über Bitcoin informiert. Bei den Befragten, welche über 44 Jahre sind, haben nur 82,2 Prozent vor der Umfrage von Bitcoin gehört, was allerdings auch einen guten Wert darstellt. 17,8 Prozent geben an, sich ziemlich bis sehr mit Bitcoin auszukennen. Jedoch geben nur 17,8 Prozent an, sich ziemlich bis sehr über Bitcoin informiert zu haben.

23,1 Prozent der unter 26-Jährigen geben an, im Besitz von Bitcoins zu sein. Zudem planen von denen, welche keine Bitcoins besitzen, 13,3 Prozent Bitcoins zu erwerben. 17,9 Prozent geben an, im Besitz von physischem Gold zu sein. Von den Befragten, die kein Gold haben, planen 21,9 Prozent Gold zu kaufen.

Auswertung

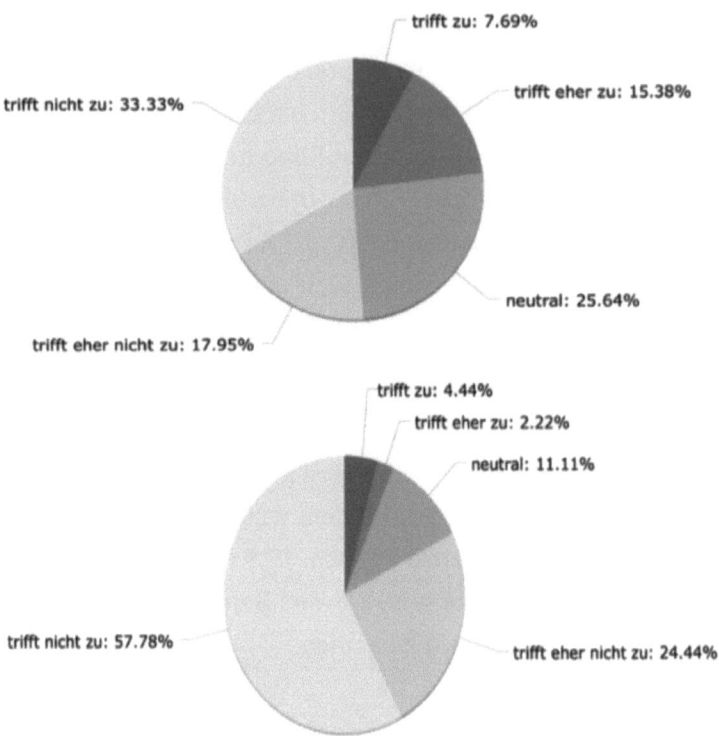

Abbildung 20: Bereitschaft der Befragten (bis 25 Jahre oben, ab 45 Jahre unten) Bitcoin zur Wertaufbewahrung zu nutzen

Die Diagramme in Abbildung 20 zeigen die Bereitschaft, Bitcoin zu Wertaufbewahrungszwecken zu verwenden, für Befragte in einem Alter bis zu 25 Jahren (oben) und einem Alter von 45 Jahren und älter (unten).

Bei der Frage, ob sie Bitcoin zu Wertaufbewahrungszwecken nutzen würden, geben 23,1 Prozent der bis 25-Jährigen „trifft zu" und „trifft eher zu" an. Bei den über 44-Jährigen waren dies lediglich 6,7 Prozent. Des Weiteren zeigt die Abbildung eine höhere Ablehnung bei älteren Menschen (unten) als bei jüngeren (oben), Bitcoin als Wertaufbewahrungsmittel zu nutzen. Im Vergleich antworten 71,8 Prozent der unter 26-Jährigen auf die Frage, ob sie Gold zur Wertaufbewahrung nutzen würden, mit „trifft eher zu" und „trifft zu". Lediglich 20,5 Prozent antworten mit „trifft eher nicht zu" und „trifft nicht zu". Bei den über 44-Jährigen antworten auf diese Frage 84,4 Prozent mit „trifft eher zu" und „trifft zu" und 8,8 Prozent mit „trifft eher nicht zu" und „trifft nicht zu".

Bei Betrachtung der Antworten unter Berücksichtigung des Geschlechts lassen sich folgende Äußerungen treffen. Während 96,8 Prozent der männlichen Befragten angeben, schon vor dieser Umfrage von Bitcoin gehört zu haben, haben 18,8 Prozent der weiblichen Befragten noch nie von Bitcoin gehört. Zudem geben 24,2 Prozent der Männer an, im Besitz von Bitcoins und 33,9 Prozent im Besitz von Gold zu sein. Bei den Frauen hingegen äußern 5 Prozent, im Besitz von Bitcoins und 35 Prozent in Besitz von Gold zu sein.

Die Auswertung der Antworten unter Berücksichtigung des Bildungsgrades zeigt, dass Befragte mit einem höheren Bildungsgrad angeben, sich besser mit Bitcoin auszukennen und informierter zu sein, als Befragte mit einem niedrigeren Bildungsgrad. So äußern lediglich 2,5 Prozent der Befragten mit einem Hochschulabschluss, noch nicht von Bitcoin gehört zu haben. 8,4 Prozent geben an sich sehr und 22,2 Prozent sich ziemlich mit Bitcoin auszukennen. 11,1 Prozent sagen, sich sehr über Bitcoin informiert zu haben, und 23,5 Prozent beantworten diese Frage mit ziemlich. Zudem geben 24,7 Prozent der Hochschulabsolventen an, Bitcoins zu haben, während 30,9 Prozent von ihnen Gold besitzen.

Betrachtet man die Befragten mit einem niedrigeren Bildungsgrad, so haben 22,7 Prozent der Befragten mit einem Volksschulabschluss oder einer Fachoberschulreife vorher noch nicht von Bitcoin gehört. 36,4 Prozent geben an, sich nicht mit Bitcoin auszukennen und 31,8 Prozent beantworten diese Frage mit wenig. Zudem geben 40,9 Prozent an, sich nicht über Bitcoin informiert zu haben, und 34,1 Prozent, sich wenig über Bitcoin informiert zu haben. Lediglich 9,1 Prozent der Befragten mit einem Volksschulabschluss oder einer Fachoberschulreife äußern, Bitcoins zu besitzen. 43,2 Prozent hingegen geben an, im Besitz von physischem Gold zu sein.

# 9 Fazit und Ausblick

In dieser Arbeit ging es darum, die Wertaufbewahrungsqualitäten von Bitcoin aufgrund seiner Eigenschaften zu erforschen und diese mit Gold zu vergleichen. Obwohl Bitcoin eine neuartige neue Technologie darstellt, war es möglich, dies mit Gold zu vergleichen.

Der Entstehungsprozess bei beiden ist gut vergleichbar. Zur Gewinnung von sowohl Bitcoins als auch von Gold werden Zeit, Kosten und Arbeit bzw. Kapitalbindung benötigt, um diese herzustellen.

Theoretisch könnte Bitcoin als „digitales Gold" fungieren. Bitcoin und Gold sind beide selten. In Bezug auf ihre Stock to Flow Ratio hat Bitcoin allerdings eine höhere Wertigkeit. Zudem besitzen beide Medien eine enorme Haltbarkeit. Bitcoin weist eine bessere Fälschungssicherheit auf, es ist wesentlich einfacher teilbar und besser transportierbar als Gold. Eines der wichtigsten Kriterien neben der Haltbarkeit und der Seltenheit ist allerdings die Wertbeständigkeit. Hier zeigt Bitcoin sehr starke Defizite. Durch die extremen Kursschwankungen in kurzen Zeitabständen und Kursrückgänge über mehrere Jahre kann Bitcoin in keinem Fall eine Werterhaltung sicherstellen. Darüber hinaus ist die errechnete monatliche Volatilität von 28,6 Prozent in den letzten 36 Monaten bei Bitcoin um ein Vielfaches höher als bei Gold mit 2,8 Prozent.

In der Praxis weist Bitcoin zwar einen hohen Bekanntheitsgrad auf. Allerdings würden lediglich 5,4 Prozent der Befragten Bitcoin zu Wertaufbewahrungszwecken nutzen. Bei der Prognostizierung des Bitcoin-Preises sind sich die Befragten uneinig. Eine hohe Akzeptanz hingegen findet Gold als Wertaufbewahrungsmittel. Auch die gemessene Einstellung gegenüber Gold festigt die Aussage, dass Gold seit

Jahrtausenden hohes Vertrauen genießt, während die Einstellung gegenüber Bitcoin, welches erst elf Jahre existiert, wesentlich schlechter ist. Ferner variiert die Akzeptanz gegenüber Bitcoin nach soziodemographischen Faktoren. Männliche, jüngere und Personen mit einem höheren Bildungsgrad haben eine höhere Akzeptanz gegenüber Bitcoin.

Die These der Bayerischen Landesbank „Bitcoin wurde konzipiert, um noch härter als Gold zu sein"[121] mag im Zusammenhang mit der Stock to Flow Ratio ihre Richtigkeit haben. Indes kann Bitcoin im Vergleich zu Gold seinen Zweck als Wertaufbewahrungsmittel nicht erfüllen.

---

[121] Vgl. Bayerische Landesbank 2019, S. 4

# Literaturverzeichnis

Ammous, Saifedean: The Bitcoin Standard: The Decentralized Alternative to Central Banking, John Wiley & Sons, Inc., Hoboken, New Jersey 2018.

Antonopulos, Andreas M.: Mastering Bitcoin: Programming the Open Blockchain, 2. Auflage, Sebastopol, O'Reilly 2017.

Azizi Ghanbari, Shahram: Messen und Bewerten: Eine Einführung in Messinstrumente am Beispiel der webbasierten Lernplattform IDEAL, Münster, Ney York, München, Berlin, Waxmann 2011.

Bayerische Landesbank (Hrsg.): Megatrend Digitalisierung: Läuft Bitcoin Gold den Rang ab?, online im Internet: https://www.bayernlb.de/internet/media/ir/downloads_1/bayernlb_research/megatrend_publikationen/megatrend_bitcoins2f_20190930.pdf, 02.03.2020.

Bitcoincharts.com: BitStamp USD, online im Internet: https://bitcoincharts.com/charts/bitstampUSD#tgCzm1g10zm2g25zl, 23.02.2020.

Bundesfinanzministerium: Gesetz zur Umsetzung der Änderungsrichtlinie zur Vierten EU-Geldwäscherichtlinie, online im Internet: https://www.bundesfinanzministerium.de/Content/DE/Gesetzestexte/Gesetze_Gesetzesvorhaben/Abteilungen/Abteilung_VII/19_Legislaturperiode/2019-12-19-Gesetz-4-EU-Geldwaescherichtlinie/3-Verkuendetes-Gesetz.pdf?__blob=publicationFile&v=2, 20.02.2020.

Caetano, Richard: Learning Bitcoin: Embrace the new world of finance by leveraging the power of crypto-currencies using Bitcoin and the Blockchain, Birmingham, Packt Publishing 2015.

Campbell, Rebecca: Top 13 Major Bitcoin Price Crashes: Endurance of An Idea, online im Internet: https://cointelegraph.com/news/top-13-major-bitcoin-price-crashes-endurance-of-an-idea, 04.04.2020.

Clark, Jeff: Gold & Silver Crashes in History: Severity, Duration, and Recoveries, online im Internet: http://silverseek.com/commentary/gold-silver-crashes-history-severity-duration-and-recoveries-17884, 04.04.2020.

Dehio, Jochen:Gold oder Silber – wem gehört die Zukunft? Edelmetalle als Chance im Lichte instabiler Finanzmärkte und zur Neige gehender Ressourcen, 2. Auflage, Frankfurt am Main, R.G. Fischer Verlag 2020.

Dörner, Astrid: Bitcoin durchbricht 20.000-Dollar-Marke, online im Internet: https://www.handelsblatt.com/finanzen/maerkte/devisen-rohstoffe/krypto-und-kein-ende-bitcoin-durchbricht-20-000-dollar-marke/20734964.html?ticket=ST-2940503-KVbZkaMGdD0tLMD5EAdA-ap2, 21.02.2020.

Finanzen.net: Goldpreis in USD je Feinunze – Historische Kurse, online im Internet: https://www.finanzen.net/rohstoffe/goldpreis/historisch, 04.03.2020.

Flossbach von Storch: Gold – ein Schutz vor Inflation?, online im Internet: https://www.flossbachvonstorch.de/de/news/gold-ein-schutz-vor-inflation/, 22.02.2020.

Frankfurter Allgemeine Zeitung: Ehemaliger Chef der Bitcoin-Börse Mt. Gox verurteilt, online im Internet: https://www.faz.net/aktuell/finanzen/ehemaliger-chef-der-bitcoin-boerse-mt-gox-verurteilt-16090711.html, 06.04.2020.

Friedrich, Marc; Weik, Matthias: Der größte Crash aller Zeiten: Wirtschaft, Politik, Gesellschaft – wie Sie jetzt noch Ihr Geld schützen können, Köln, Eichborn Verlag 2019.

Gabler Wirtschaftslexikon (Hrsg.):Fungibilität, online im Internet: https://wirtschaftslexikon.gabler.de/definition/fungibilitaet-34994, 20.02.2020.

Gebele, Claudius: Ich kaufe also bin ich: Die Zusammenhänge zwischen dem Image von Sportmarken und dem Selbstbild von Jugendlichen, Hamburg, Diplomica Verlag 2002.

Gold.de: Entwicklung Goldpreis, online im Internet: https://www.gold.de/kurse/goldpreis/entwicklung/, 20.02.2020.

Gold.de (2): Goldbarren – Hier Preise vergleichen, online im Internet: https://www.gold.de/kaufen/goldbarren/, 03.04.2020.

Goldpreis.de: Maple Leaf Gold, online im Internet: https://www.goldpreis.de/goldmuenzen/maple-leaf/, 03.04.2020.

Gomzin, Slava:Bitcoin for Nonmathematicans: Exploring the Foundations of Crypto Payments, Boca Raton, Universal-Publishers 2016.

Grayscale Investments (Hrsg.): Bitcoin & the Rise of Digital Gold, online im Internet: https://grayscale.co/wp-content/uploads/2018/12/Grayscale-Bitcoin-the-Rise-of-Digital-Gold-July-2016.pdf, 25.02.2020.

Grimmer, Thomas:Der Goldstandard als Schutz vor Hyperinflation und Staatsverschuldung: eine Studie über Ursprung, Wirkung und die Potenziale von Sachgeld, Hamburg, Diplomica-Verlag 2012.

Hagen, Rudolph:Das Edelmetall-Buch: Gold • Silber • Platin • Palladium • Ruthenium • Rhodium • Osmium • Iridium, Berlin, epubli GmbH 2013.

Hempel, Thomas: Untersuchungen zur Korrelation auditiver und instrumenteller Messergebnisse für die Bewertung von Fahrzeuginnenraumgeräuschen als Grundlage eines Beitrags zur Klassifikation von Hörereignissen, München, Hubert Utz Verlag 2001.

Hosp, Julian: Kryptowährungen: Bitcoin, Ethereum, Blockchain, ICOs & Co. Einfach erklärt, 3. Auflage, München, FBV 2019.

# Literaturverzeichnis

Incrementum AG (Hrsg.): Gold im Zeitalter der Vertrauenserosion, online im Internet: https://ingoldwetrust.report/wp-content/uploads/2019/05/In-Gold-We-Trust-2019-Extended-Version-deutsch.pdf, 23.02.2020.

Kallus, K. Wolfgang: Erstellung von Fragebogen, 2. Auflage, Wien, Facultas 2016.

Karame, Ghassan; Elli, Andoulaki: Bitcoin & Blockchain Security, Boston, Artech House 2016.

Kaskaldo, Olga:Gold: Geld, Kredit, Ware: ein neuer Blick auf Finanzgeschichte und Gegenwart, Wiesbaden, Springer Gabler 2018.

Keel, Trevor; Holiday, Richard; Harper, Tim:Gold for good – Gold and nanotechnology in the age of innovation, online im Internet: https://www.gold.org, 20.02.2020.

Koenig, Aaron:Bitcoin – Geld ohne Staat die digitale Währung aus Sicht der Wiener Schule, München, FBV 2015.

Kyrer, Alfred:Wirtschaftslexikon, 4. Auflage, Berlin, Boston, De Gruyter 2017.

Lewin, Miriam: Psychologische Forschung im Umriss, Berlin, Heidelberg, New York, Tokyo, Springer 1986.

Mankiw, Nicholas Gregory:Makroökonomik, Wiesbaden, Gabler 1993.

Middelkoop, Willem:Der große Neustart: Kriege um Gold und die Zukunft des globalen Finanzsystems, Weinheim, Wiley VCH-Verlag 2015.

Museum der Belgischen Nationalbank (Hrsg.):Der Yap-Stein, online im Internet: http://www.nbbmuseum.be/de/2007/04/stone-of-yap.htm, 25.02.2020.

Nakamoto, Satoshi.: Bitcoin: A Peer-to-Peer Electronic Cash System, online im Internet: https://bitcoin.org/bitcoin.pdf, 15.02.2020.

o.V.: eschichte von Bitcoin, online im Internet: https://www.moneymuseum.com/pdf/PictureTours_bitcoin/Geschichte%20von%20Bitcoin_de-shrunk.pdf, 15.02.2020.

o.V.:

Hashratverteilung, online im Internet: https://www.blockchain.com/de/pools, 29.02.2020.

o.V.: USA: Inflationsrate von 1980 bis 2018 und Prognosen bis 2024, online im Internet: https://de.statista.com/statistik/daten/studie/165718/umfrage/inflationsrate-in-den-usa/, 18.02.2020.

Offenberg, Ulrich:Mythos Gold: Eine Kulturgeschichte des Edelmetalls, München, Komplett-Media 2011.

Onvista: Stock to Flow Ratio: Was ist das für ein Indikator und was bedeutet er für Assets wie Gold oder Bitcoin?, online im Internet: https://www.onvista.de/news/stock-to-flow-ratio-was-ist-das-fuer-ein-indikator-und-was-bedeutet-er-fuer-assets-wie-gold-oder-bitcoin-280232585, 04.04.2020.

PICTET Asset Management:Virtuelle Währungen – Bitcoin & Co.: Modeerscheinung oder Zukunft?, online im Internet: https://www.dasinvestment.com/virtuelle-waehrungen-bitcoin--co-modeerscheinung-oder-zukunft/, 22.02.2020.

Platzer, Joerg: Bitcoin: kurz & gut, Bejing, Cambridge, Farnham, Köln, Sebastopol, Tokyo, O'Reilly 2014.

Pollock, Darryn: Five Bitcoin Crashes and What You Can Learn From Them, online im Internet: https://cointelegraph.com/news/five-bitcoin-crashes-and-what-you-can-learn-from-them 03.04.2020.

Raithel, Jürgen:Quantitative Forschung: Ein Praxiskurs, Wiesbaden, VS Verlag für Sozialwissenschaften 2006.

Rettberg, Udo:Alles, was Sie über Rohstoffe wissen müssen: erfolgreich mit Kaffee, Gold & Co., München, FinanzBuch Verlag 2007.

Sander, Beate:Gold, Silber, Platin, Diamanten: mit Edelmetallen richtig anlegen in schwierigen Zeiten, 2. Auflage, München, FBV 2013.

Schneider, David:Was uns der Bitcoin Pizza Day über Geld verrät, online im Internet: https://www.btc-echo.de/was-uns-der-bitcoin-pizza-day-ueber-geld-verraet/, 18.02.2020.

Sieper, Hartmut:Handbuch Vermögensanlage, Wiesbaden, Gabler 1992.

Sixt, Elfriede: Bitcoins und andere dezentrale Transaktionssysteme: Blockchains als Basis einer Kryptoökonomie, Wiesbaden, Springer, Gabler 2016.

Statista: Weltbevölkerung von 1950 bis 2019, online im Internet: https://de.statista.com/statistik/daten/studie/1716/umfrage/entwicklung-der-weltbevoelkerung/, 04.04.2020.

Stroukal, Dominik: Can Bitcoin become money? Its money functions and the regression theorem, online im Internet: https://zbw.eu/econis-archiv/bitstream/handle/11159/1967/1024536955.pdf?sequence=1&isAllowed=y, 28.02.2020.

Taghizadegan, Rahim: Wirtschaft wirklich verstehen: Einführung in die Österreichische Schule der Ökonomie, München, Finanzbuchverlag 2018.

Ulfkotte, Udo:Mit Gold durch die Krise: Alles, was Sie wissen müssen, Rottenburg, Kopp 2011.

Von Below, Eva:Makroökonomie: Lehrbuch für das volkswirtschaftliche Grundstudium, Wiesbaden, Gabler 1977.

World Gold Council (Hrsg.):2048: The next 30 years for Gold, online im Internet: https://www.gold.org/goldhub/research/gold-2048-next-30-years-gold, 03.02.2020.

World Gold Council (Hrsg.):Above-ground stocks, online im Internet: https://www.gold.org/goldhub/data/above-ground-stocks, 16.02.2020.

World Gold Council (Hrsg.):Gold supply and demand statistics, online im Internet: https://www.gold.org/goldhub/data/gold-supply-and-demand-statistics, 03.02.2020.